U0066843

兒童教保機構行政管理

Administrative Management on Child Care Institutes

郭靜晃◎著

序

自1997年，筆者參與兒童及少年福利專業人員資格及訓練辦法，參與自1999年全省辦理兒童及少年福利人員之專業訓練，在所長班之訓練課程常見一些保育人員從乙類或丙類資格獲得之後，直接參與戊類所長班之訓練。這些受訓學生大都是提供直接照顧兒童的教保員，鮮少有行政管理之經驗。

當時我出一項作業讓學生分組籌辦一所幼兒園並進行行政檔案整理和模擬六年的經營管理，學生對經營及行政之概念很薄弱，常以個人園所經驗傳承來完成指定作業。經過小組分工完成作業並透過報告討論，學員們才開始對園所行政與經營有些許概念，而這些作業也就是戊類所長班的課程總體整合。

隨著修法，現在托教已合一，並完成《幼兒教育及照顧法》之公布，兒童教育機構已因立法之後分成兩個主責機構，並從分齡區分為托嬰中心、幼兒園及兒童照顧班，雖然相關子法之分項尚未完成法令規範，但已經由以往幼教概念逐漸形成教保之概念。

本書基於法令之研修、托育服務概念之演進，加上學生及學員對行政管理之陌生下而產生催生之念頭。本書期望以私立機構經營觀點來介紹兒童教保機構之行政管理，期盼給新進學生（員）有初步兒童教保機構與行政管理的初步認識。

本書希望初學者能從本書中找到一些兒童教保機構行政管理的靈感，可以在未來身兼管理者時參酌運用，也期望有經驗及資深機構管理者可以提供寶貴意見，以期找到更多台灣教保機構之管理實例。或許從更多的管理實例中，吾人可找到理想的管理方式或模

式，不僅對經營者有利，最重要是能提升兒童教保品質。

　　本書共分九章，除第一章說明台灣教保服務之沿革，接著介紹兒童教保機構的行政及立案程序、環境規劃、教保方案規劃、人事管理、總務行政等，最後再以親職教育、社區資源之運用與開發以及教保機構評鑑作為本書之結尾。本書之出版要感謝揚智文化公司葉總經理及上課學員們的催生，最後，恐本人在此領域才疏學淺，如有疏誤之處，尚祈先進不吝指正。

高<u>薰芳</u> 謹誌

2012年10月

目　錄

序　i

第一章　兒童教保專業人員與機構　**1**

第一節　我國托育服務沿革與發展　4
第二節　兒童教保服務工作專業與能力　9
第三節　我國兒童教保服務師資培育之沿革　15
第四節　兒童教保機構之種類與辦理形式　33

第二章　兒童教保機構行政　**41**

第一節　兒童教保機構之行政　42
第二節　兒童教保機構立案程序　45

第三章　兒童教保機構環境規劃　**73**

第一節　地點規劃　74
第二節　組織物理空間　75
第三節　室內、戶外空間規劃　84

第四章　兒童教保機構教保方案規劃　**101**

第一節　托嬰中心教保規劃　103
第二節　幼兒園教保規劃　107
第三節　課後照顧班教保規劃　116

第五章　兒童教保機構的人事管理　**121**

　　第一節　人事資格、證照　122
　　第二節　人事制度與規章　124
　　第三節　專業倫理　140

第六章　兒童教保機構總務行政　**149**

　　第一節　事務管理　150
　　第二節　文書管理　168
　　第三節　財務管理　176
　　第四節　幼兒教育券及托育補助　191

第七章　社區資源開發與整合　**195**

　　第一節　社區資源　196
　　第二節　兒童教保機構社區資源調查實例　198
　　第三節　社區資源開發與整合　211

第八章　親職教育與社區聯結　**223**

　　第一節　親職教育之目的與推展方式　225
　　第二節　親師合作　232
　　第三節　園所、家庭與社區　239

第九章　兒童教保機構評鑑　**253**

　　第一節　兒童教保機構評鑑之功能與發展　255
　　第二節　兒童教保機構評鑑內容　265
　　第三節　評鑑準備　272

第一章

兒童教保專業人員與機構

- 我國托育服務沿革與發展
- 兒童教保服務工作專業與能力
- 我國兒童教保服務師資培育之沿革
- 兒童教保機構之種類與辦理形式

　　近年來，我國由於經濟和社會型態發展變遷快速，尤其在國際化及高科技化之政策及社會運動（如婦女、新好父母運動）推動下，導致家庭與社會不論在形貌、結構層面、功能內涵均起了相當的改變，更明顯指出兒童福利輸送服務之一的托兒照顧服務益顯重要。

　　我國兒童托育服務的種類很多，依現況可分類為：幼稚園、托兒所、勞工托兒所（企業托兒所）、鄰里托兒中心、精緻托兒所、兒童托育中心、托嬰（兒）中心、家庭或居家保母、坐月子中心、嬰幼兒才藝中心及教育、示範教學中心、成長班及親人照顧等（郭耀東，1991）。周震歐等人（1992）利用訪視方法針對台北市社區展開調查，結果發現現階段的學齡前托育設施可分為十一種類型：(1)坐月子中心；(2)托育中心；(3)托兒所；(4)幼稚面；(5)兒童學園；(6)蒙特梭利學園；(7)兒童發展中心；(8)寒暑假營隊；(9)短期假期托育；(10)臨時托育場所；(11)課後輔導中心。在學齡兒童的托育部分，則可分為課後輔導中心及才藝班兩種。此外，翁毓秀（1992）針對台灣地區托兒所現況調查中發現台灣地區托兒所設施創設單位繁多，分類一直不能統一，造成相當困擾。綜合以上實徵研究之調查發現，目前台灣地區除了父母親親自照顧、委託親戚照顧之外，其餘則是送去接受家庭式或機構式的照顧，而其中種類及名稱又極其繁多。再者，依其分類及所隸屬的行政單位，又可分為三種：(1)托兒所，隸屬社政單位；(2)幼稚園，隸屬教育單位；(3)隸屬勞工局的企業托兒。

　　所謂的托育服務機構工作人員可區分為幼稚園教師及保育人員兩大系統。目前所執行的業務，還是以六歲以下的兒童為主，而進行的工作除了提供安全照護之外，托兒工作也兼辦理兒童教育的事項，在此兩大系統中之工作人員也皆通稱為老師。至於六至十二歲的學齡兒童課後照顧，在民國77年台北市率先訂定《兒童托育

中心設置標準》，在短短十餘年內，兒童托育中心如雨後春筍般的設置，至89年6月底止，立案機構已達四百二十餘家（占台北市所有兒童托育機構的41%），高居全省之冠。之後，1996年高雄市訂定了《托兒機構設置標準與設立自治條例》，1996年台灣省亦設置「校外課後安親班輔導管理要點」，因此興起高雄市及台灣省各縣市成立兒童托育或課後輔導中心的熱潮。目前現有相關法令並未對兒童托育中心或課後輔導機構加以定位及明確規範其功能，加上兒童福利專業人員的訓練上也未對兒童托育中心（課後輔導機構）之主管及專業人員做條件上的要求及訓練上的適當分野，也造成托育中心（課後輔導機構）服務提供及執行的困境及困擾。

　　另一方面，幼稚園教師在民國83年及84年的《教師法》及《師資培育法》的法令通過之後，已將其資格認定提升到大學程度。目前需在大專學院之幼教系或大學附設教育學程畢業之後，始有資格擔任幼教師。由此可知，幼教資格之專業化及訓練的齊一化已有相當基礎。相對於幼稚園教師，隸屬社政單位的保育人員無論在資格或來源上，都顯得參差不齊（郭靜晃，1999a）。

　　有鑑於此，內政部社會司於中華民國84年7月5日依《兒童福利法》第十一條第二項，在台（84）內社字第8477519號函中頒布「兒童福利專業人員資格要點」，將保育人員、助理保育人員、社工人員、保母人員及其主管人員稱之為兒童福利專業人員，自此開始，兒童托育機構之工作人員遂成為一種兒童福利專業人員。然而在兒童福利專業人員資格要點又將「教師」屏除在外，也造成幼兒園中教師與保育員正式分軌。根據《韋氏字典》（*Webster's Dictionary*, 1994）對專業（profession）的定義為：(1)應有專業的實施準則、目的；(2)努力成為一位專業人士的特質和性格。據此，專業係指高度的專門知能以及其他特性而有別於普通的「職業」或「行業」。故專業應具備的知識與技能、利他的社會服務、具有倫

理與自主的執業能力、長期持續在職進修、參與專業組織及具備執
行業務的資格認定。而所謂的「兒童福利專業人員」在《兒童福利
專業人員資格要點》第三條中即明文規定：兒童福利保育人員、助
理保育人員及其主管等托育服務工作應具備有兒童福利或相關科系
（如幼兒保育、家政、護理等）之學歷資格或經主管機關主（委）
辦之兒童福利保育、助理保育或主管保育人員專業訓練及格者稱
之。本書所稱的兒童教保專業人員係指法令規定的教師及兒童保育
人員，包括有幼教師、托兒所的保育人員、保母及兒童托育中心的
課後輔導人員。

第一節　我國托育服務沿革與發展

我國托育服務的發展過程是先有幼稚園（民國11年的新學
制），再有托兒所（民國44年的《托兒所設置辦法》）。早在民國
23年「家庭總部」模擬家庭方式對需要幫助的貧苦家庭兒童施以生
活教育成為正式托育機構以來，托育服務與幼稚園的鼇分早就不夠
明顯（馮燕，1995）。至今，托兒所與幼稚園依《托兒所設置辦
法》與《幼稚教育法》皆以促進兒童身心健全發展為宗旨，兩者設
立的原意都強調「教育」與「保育」功能的兼具。雖然托兒所與幼
稚園分別隸屬於內政部與教育部，接受不同法規及系統之規範與管
理，但是，兩者皆有兒童教育及補充家庭親職角色功能不足的作
用。老實說，幼兒對於自己上的是托兒所或幼稚園並不甚在意，因
為在他們的認知中都是去上學，而一般社會大眾，甚至業者普遍存
在認為上托兒所是讓兒童去玩，而上幼稚園是為日後上小學的教育
準備的觀念，因此，家長普遍偏好將孩子送往幼稚園就讀（俞筱
鈞、郭靜晃，1996；王麗容，1999），此種趨勢顯現出托兒所對家

長的吸引力較弱於幼稚園。至於六至十二歲之學齡兒童，許多家長為了怕孩子輸在起跑點上，更期望能提升下一代之生活品質及教育優勢，再加上生活及工作忙碌或缺乏專業親職教育的觀念，因此期待兒童托育中心能發揮課後輔導及提供多方面的才藝訓練的教育功能，以分擔家長的責任。此種情況一方面削減家長的親職功能，給予父母失職的合理化藉口，另一方面，更順理成章地將兒童全權託付給機構，讓孩子接受機構式的照顧及教育，進而造成兒童托育中心與補習班之功能及定位的混淆。

就托育服務之人員培育養成而言，托兒所保育人員遠不及幼稚園教師。以幼稚園師資的培育歷程來看，自民國70年頒布《幼稚教育法》，隨後於民國72年又相繼公布《幼稚教育法施行細則》、《私立幼稚園獎勵辦法》與《幼稚園園長、教師登記檢定及遴用辦法》。為了配合法令之實施與推廣，在民國72年師專成立二年制幼師科，78年起成立幼教系。諸此種種確立了師範體系的師資培植管道，不但彰顯了幼師培育政策之推行績效，同時也提供了優勢的培育環境，更增加師資的提升與素質的齊一化。另一方面，托兒所教保人員的培育仍是侷限於高職、專校的幼保科、大學的幼保系、青少年兒童福利學系及生活應用科學系等提供師資養成的途徑。因此，保育人員的素質自然參差不齊（穆仁和，1999）。

縱然托兒所與幼稚園的師資來源有所不同，但其培訓課程或師資遴用資格並沒有太大差異。幼稚園師資依《幼稚園園長、教師登記檢定及遴用辦法》第七條規定之資格任用，其最低條件為高級中學以上學校畢業，曾修習幼稚教育專業科目20學分以上成績及格者。民國84年在《師資培育法》及《教師法》未修改通過時，許多大專院校幼保相關科系可以用曾修習過20學分以上之專業課程申請教師登記檢任，並合格任用為幼稚園教師及領有教師證；而托兒所保育人員之任用以《托兒所設置辦法》第十一條所規定之最低資格

也是高級中學或高職畢業者，曾修習幼兒教育12學分或參加保育人員專業訓練360小時合格者，如是，托兒所之保育人員品質與幼稚園相較，應是相去不遠（穆仁和，1999）。但是有幼稚園資格的幼師可以有保育員之資格，可以在托兒所工作，只是以往在托兒所工作之年資不予計算，反之，托兒所工作之保育人員並不能在幼稚園工作。然而在民國83年《教師法》、民國84年《師資培育法》及《大學校院教育學程師資及設立標準》相繼頒布之時，將幼稚園教師提升至大專及以上的學歷，培訓管道以各師院幼教系及大專院校的幼教學程（得修習26個學分，並實習一年）；反觀托兒所保育人員之資格在民國82年《兒童福利法》修改之後，在民國84年內政部頒布《兒童福利專業人員資格要點》及民國86年《兒童福利專業人員訓練實施方案》規定：兒童福利保育人員包括：(1)專科以上兒童福利科系或相關科系畢業者；(2)專科以上學校畢業，並經主管機關主（委）辦之兒童福利保育人員專業訓練及格者（540小時）；(3)高中（職）學校幼兒保育、家政、護理等相關科系畢業，並經主管機關主（委）辦之兒童福利保育人員專業訓練及格者（360小時）；(4)普通考試、丙等特種考試或委任職升等考試社會行政職系考試及格，並經主管機關主（委）辦之兒童福利保育人員專業訓練及格者（360小時）；(5)高中（職）學校幼兒保育、家政、護理等相關科系畢業未經訓練者，或非相關科系經兒童福利保育訓練及格者（360小時），得聘為助理保育人員。

就上列的規定來看，尤其在民國83年以後《教師法》及《師資培育法》公布之後，幼稚園教師之資格較齊一化，而托兒所保育人員之資格較為參差不齊，誠如穆仁和（1999）所言：保育員比起幼師之素質不如在於：先天培育環境不良（如法規及培育的師資養成管道），及後天培育體系管道不暢（教師資格的認定及進修管道）。有鑑於此，內政部在民國86年10月頒布《兒童福利專業人員

訓練實施方案》規定凡在職及即將就職之保育人員或社工員應接受360小時（所長270小時）之在職／職前訓練以取得專業人員之資格證書，以提升保育人員之教保品質。而受訓單位則委託大專院校有訓練保育人員之經驗者辦理，其中有些學校（例如：輔仁大學、中國文化大學、靜宜大學、實踐大學、屏東科技大學等）皆同時辦理幼稚教育學程，而所訓練課程（360及540小時）又相當於20及30學分，只是因為體制不同，不能折算學分。其中保育員之來源又分為高中（職）及大專相關或非相關科系畢業之成員。就保育人員及幼教師在此比較，在接受兒童福利專業人員資格訓練之保育人員實可以相當《教師法》及《師資培育法》公布以前的幼教師（有些是從幼進班或幼二專管道）之專業訓練，或可以相當於幼教學程（26個學分加上一年實習）的專業能力。但是由於有些保育人員只是高職之相關幼保科畢業，加上培訓管道不同或不能符合《教師法》所規定要大專以上的資格，所以保育員被拒於有幼教老師的資格。

　　近年來，在教育部推動第二條升學進修管道下，專科學校紛紛改制為技術學院、科技大學，提供了不少進修的機會，保育人員的進修教育基本年限已從以往的二專程度提高至四年技術學院。從民國82年弘光專校與德育護專設立幼兒保育科，屏東科技大學於83年創立幼兒保育技術系開始，提供了高職幼保科學生畢業後多元化的升學管道，面對幼稚園教師的資格限制提高，未來保育人員的資格限制也會隨之修正。但是，量的提升必須與質的保證做一個相對應的抗衡，在學校增加至少兩年的教育培育課程之後，除了能提升保育人員之專業素質外，更能提升保育人員之學歷，對於日後幼托整合在師資的認定，可以縮減原先之差距，也可彌補保育人員進修管道之不足。

　　「幼托整合」政策自1997年12月4日蕭前院長本著國家總體資源應用及民間未能依教育與社會福利之原有功能而造成幼稚園與托

兒所的辦理紛擾，以及多頭馬車的托育體制，復於1998年7月21日全國福利會議結論指示：將托兒所及學前教育整合事宜列為應優先推動之重點工作，於是展開幼兒幼教與托育整合方案之研擬規劃。歷經七年並由教育部與內政部經多次協商，以及邀請幼教學者、團體、業者召開無數次會議，也委託相關小組執行研究規劃，研擬「幼兒托育與教育整合方案」，並召開公聽會。但是整合與協調之困難，尚未獲得共識，未來還有一大段路要走，例如修法、訂定相關規定與辦法。教育部已訂定「發展與改進幼兒教育中程計畫」，預計從強化法令、加強行政效能、提升師資素質水準、豐富課程及教學資源、健全輔導等五大方向，以期全面改善幼稚教育，規劃相關方案及配套措施，預計在2004年離島地區先行試辦「國民教育幼兒班」2005年偏遠地區及原住民地區辦理，2006年將全面實施。不過在2004年6月20日經多次舉辦公聽會，原訂2006年全面實施的「國民教育幼兒班」因幼教學者及家長的抗議，以及師資和經費不足之情形，政策緊急煞車，改為針對原住民、身心障礙學生、中低收入戶、外籍配偶子女、特殊境遇婦女等弱勢家庭給予補助（《聯合報》，2004年6月21日）。

相對地，為了因應幼托整合的國教中程計畫，兒童局也於2000年7月19日修訂公布《兒童及少年福利機構專業人員資格及訓練辦法》，目前相關課程及訓練已委託專案小組規劃，預定2004年10月完成，而自2005年起，幼兒園之資格及未來專業人員之訓練將依新辦法實施，以期能達成幼托整合之目標：

1.整合運用國家資源，健全學前幼兒教保機構。
2.符合現代社會與家庭之教保需求。
3.提供幼兒享有同等教保品質。
4.確保立案幼稚園、托兒所暨合格教保人員之基本合法權益。

幼托整合早在民國83年6月教育部召開第七次全國教育會議，會後針對會議各項結論並於民國84年頒布中華民國首部教育白皮書，其中的發展策略——即是推動十二年國民基本教育與幼托整合，其目標為：完成學前教保法制，建立教育與照顧兼具之學前綜合性服務體系，讓幼兒享受平價、多元、就近且優質的學前教保服務，逐步達成學前教育免學費，以減輕年輕父母之育兒負擔。此外，也將協助各園所發展課程自我檢視的能力，繼而發展「輔導—評鑑—補助」連結之機制，以精進學前教保品質。

　　最後歷經十餘年會議研討，終於在民國100年6月10日經立法院三讀通過《幼兒教育及照顧法》，完成托教整合，有關三至十二歲的照顧與教育由教育部主管，而○至二歲的托育照顧則依《兒童及少年福利與權益保障法》之規定由內政部兒童局掌理，並將過去托兒所及幼稚園整合為幼兒園，幼兒園的專業人員分為教師及教保員。教育及照顧服務是指對兒童提供之居家式照顧服務（保母），對幼兒提供之托嬰中心教保服務、幼兒園教保服務及對國民小學階段的兒童提供之課後照顧中心、課後教保服務。教保機構指提供教保服務之托嬰中心、幼兒園及課後照顧中心。

第二節　兒童教保服務工作專業與能力

　　影響老師的教學因素有很多，除了硬體設備、教師情境、教師特質及孩子之平均年齡層以外，其次就是老師所擁有的專業倫理及能力，茲分述如下：

一、兒童教保服務工作專業

　　幼教人員專業化的發展一直不斷地被關心。有些幼教工作者曾

接受短期的專業訓練,有些在學經歷上都有相當的背景,有些甚至是幼教領域的專家。美國教育協會(National Education Association, NEA)對教育專業工作之定義為:

1.專業工作必須運用專業的知識與技能。
2.專業工作必須強調服務的概念,而不計較經濟報酬。
3.專業工作人員必須經過長期的專門訓練。
4.專業工作人員必須享有相當的獨立自主權。
5.專業工作人員必須有自律的專業團體與明確的理論信條。
6.專業工作人員必須不斷地在職進修。

美國幼兒教育協會(National Association for the Education of Young Children, NAEYC)已明確指出從事幼教工作者所應扮演的角色,並把他們和非專業或準專業的幼教工作者(如助教或助手)區分開來。不同的專業化角色需要不同的職前準備及專業知識。這些專業角色包括助理教師、教師、校長、主任及安親班老師;除此之外,NAEYC亦指出其他像特教專家、科任老師(例如:美術、體育、音樂或外語等)、親職教育協調者、社會服務工作者、課務人員、單位行政人員等也是一種專業人員。這些專業角色通常比幼教老師需要更多職前準備及訓練。

NAEYC(1984)對全國相關從業人員進行調查,並明確界定專業幼教師資的分類及其應有準備和責任,茲分述如下:

1.助理幼教老師:指剛踏入幼教行列,並在專業人員的督導下進行教育計畫活動的教師。它通常需要有高中畢業證書或同等學歷始可擔任。一旦受聘,他們應參加專業發展教育課程。
2.準教師:指能單獨進行課程活動,且能負責照顧及教育一群

孩子的教師。此類老師必能勝任美國兒童發展協會（Child Development Associate, CDA）認證課程中的六大能力領域。

3.幼教教師：指不僅能照顧及指導一群孩子，且需具備及展現有第一、二階段的能力及擁有較多理論知識和實務技能的老師。他們必須是大學幼教系或兒童發展的相關科系畢業。

4.幼教專家：指監督、訓練教職員、設計課程並（或）執行教育計畫表。其條件是大學幼教系或有關兒童發展之相關科系畢業，且具三年以上教導幼兒和（或）更高年級的全職教學經驗。

　　綜合上述，美國幼教人員已全面專業化的發展，上述的分類除了有助理專業人員及專業人員（例如：我國助理保育人員及保育人員）之區分，他們更有分級之概念（例如：準幼教師→幼教師→幼教專家）。台灣目前和美國在八十年代的情況相似，許多在幼教界的從業人員完全沒有或只受過一些專業訓練，例如：我國許多從業人員來自專業相關科系畢業、幼教系畢業或幼兒保育科（系）畢業，也有非相關科系及公務員普通考試及格者，而這些人是否可以繼續擔任幼教工作或者需要更多的職前訓練（例如：兒童福利專業人員訓練），是當前急待解決的問題，這也是我國托育服務工作專業正面臨的困境。在一方面，要求較多的職前訓練，可以增加托教人員之專業化程度；但另一方面，這也將使有意願從事托育服務工作之人被檔在門檻之下，不得其門而入。整體說來，托育服務之專業應具備：(1)能符合托育專的工作技巧與倫理標準；(2)能反應教育、訓練和經驗的成果（郭靜晃，1999b：145）。

二、教師之能力

　　教師能力（teacher competencies）所指的是身為幼教老師應學

習的一些技能，而非指個人本身特質。美國兒童發展協會（CDA）認證課程中列出六大領域及十三項教師所應具備的能力。這些能力的認證是經由一群專家透過直接觀察教學實況，並以專業素養評估之。試述如下（CDA, 1977）：

(一)能力領域I：布置並維持一個安全健康的學習環境

1. 在安全方面：準幼教老師應採取預防意外的必要措施以提供一個安全的環境。
2. 在健康方面：準幼教老師應提供一個無疾病汙染的環境。
3. 在環境方面：準幼教老師必須配合孩子的發展程度選擇適當的教材、設備，並依此布置教室。

(二)能力領域II：增進兒童的生理發展及智能

1. 在身體發展上：準幼教老師提供各種適合孩子學習能力的設備、活動及機會來促進孩子身體上的發展。
2. 在認知發展上：準幼教老師設計不同的活動及經驗，它們能鼓勵孩子發問、探索、解決問題並符合孩子的認知發展程度。
3. 在語言方面：準幼教老師幫孩子學習語言並藉由語言表達他們的想法、感覺及理解程度。
4. 在創作方面：準幼教老師提供各種經驗及教材以發掘並激發孩子的創造力。

(三)能力領域III：建立孩子正向的自我觀念及個人優點

1. 在自我觀念上：準幼教老師幫助孩子去瞭解、接受並欣賞自己是一獨立存在的個體。

2.在個人優點上：準幼教老師幫助孩子發展獨立觀念且能適時表達、瞭解及控制自己的感覺。

(四)能力領域IV：在學習環境中，統合及維持兒童與成人在團體中的正面功能

1.在社會方面：準幼教老師幫助孩子學習和別人相處及培養孩子在團體中相互尊重的態度。

2.團體管理方面：準幼教老師提供正向的常規並建立兒童及成人皆能理解和接受的規則。

(五)能力領域V：適當協調家庭與托育中心撫育兒童的理念

家庭／托育中心：準幼教老師應和家長建立良好正面的關係，並鼓勵他們參與托育中心的活動，以達親師合作。

(六)能力領域VI：執行有關兒童教育計畫的補助責任

準幼教老師和其他教職員合作研討有關托育中心的計畫、活動、政策及規則。

而其他判斷一名優良的幼教教師的方法，包括確認他所應瞭解的知識及他所應該做的事。以下幾點是我們認為身為幼教老師應擁有的基本知識，這些知識是發展更多知識和技能的基礎（郭靜晃、陳正乾譯，1998）：

1.基本保健及安全措施的知識：身為教師最基本的職責即是保護孩子的健康及安全。如果這一方面無法做到，花費再多的心思設計課程也是枉然。老師必須保護兒童，除了瞭解疾病的傳染途徑，更要適當的管理食物和教具，並注重衛生（特

別是洗手間的清潔工作），對於教室中所有可能發生意外的
原因都必須留意。

2.引導孩子活動的技巧：老師必須具備設計及引導孩子學習活
動的技巧，某些技巧是相當簡單的，像適當地將畫圖與黏土
結合，以及使用剪刀的方法；某些是較複雜的，像學習中心
的布置及統合兒童一整天的活動。

3.教室管理技巧：一般而言，適當地變換活動可以減少課堂不
當行為。老師必須知道如何建立教室規則，如何處理不當行
為且不用處罰方式來影響孩子。不當的懲罰除了造成孩子的
傷害外，也無法有效幫助孩子學習適當的行為。

4.瞭解幼教課程的內容：老師必須採取適當的教學法，並確保
這些孩子能達教育計畫之目標。兒童學習範圍包括：語文、
讀寫能力、社會、科學知識、以及不同教材以表達自己的想
法。評量在教學上是必要的，老師須知如何判斷孩子的學習
能力，且是否已成功地達到教育計畫之目標。

　　國內有關幼教老師之知能研究有李明珠（1986）針對幼稚園
教師及張翠娥（1986）對學前教育工作者，前者歸納幼稚園老師應
有六類能力：(1)教室管理能力；(2)教學設計能力；(3)教學評量能
力；(4)教學實施能力；(5)教學環境布置能力；(6)教具製作及使用
能力；後者歸納為：(1)專業知識與技能（包括基本知識、專業知
識、專業技能）；(2)教學專業能力（包括課程計畫能力、教學計
畫、實施教學能力、教學評鑑研究能力）；(3)輔導能力（包括幼兒
輔導能力、與家長溝通能力、師生關係）；(4)自我概念（包括工作
概念、人格特質與自我要求能力）。

第三節 我國兒童教保服務師資培育之沿革

我國兒童教保服務之師資培育管道有兩大主流，一為教育部，另一為內政部兒童局。教育部主要負責學校之教育與訓練，包括高教司、中教司及技職司；而內政部兒童局則負責兒童福利專業人員之培訓。本節共分為兩部分：(1)學生來源及人數；(2)兒童教保服務之訓練課程。茲分述如下：

一、學生來源及人數

一直以來，幼稚園教師培育管道，主要以台北市立師範學院等九所師範院校幼兒教育學系為主，分為日間部、夜間部以及暑期班三種。日、夜間部提供了未來幼稚園教師的培育，暑期班是為了因應《師資培育法》與《教師法》的修訂，提供給目前在職幼教師的一種進修管道。目前進修班也在幼兒教育及照顧法案通過之後，成為絕響。

由上述資料顯示在幼稚園師資的培育上面，均有一穩定的教師養成量。而且在《師資培育法》及《教師法》通過之後，對於師範院校提供的在職進修管道也相當的暢通。如果單以師範院校幼教系的培育養成狀況來看，實在不足以提供足夠的幼教師來因應幼稚園的需要，而幾所大專院校開辦的幼稚教育學程也不能補足其缺額。加上社會對幼教專業認定不足，以及教保人員的待遇及福利低，也讓此專業培育體系的畢業生裹足不前。因此，如何補足學校的培育課程，以因應市場的需求，就顯得相當重要了。

在托兒所方面，在2000年共有11所學校設置幼兒保育科。以培訓合格的保育人員（**表1-1**）。根據教育部統計處（2000）在87學年

表1-1　83至87學年度二年制幼兒保育科畢業學術人數統計表

SNAME	DNS	83學年度	84學年度	85學年度	86學年度	87學年度	總人數
私立嘉南藥理學院	D	0	0	150	157	159	
	N	0	0	0	143		
私立輔英技術學院	N	0	0	0	106	116	
	D	0	0	0	98	102	
私立弘光技術學院	N	0	0	0	178	217	
	D	0	0	0	203	212	
私立中台醫護技術學院	N					157	
	D					109	
私立正修工商專科學校	D					100	
私立中台醫事技術專校	D	0	0	102	101		
	N	0	0	0	53		
私立中華醫事技術專校	N					65	
	D	0	0	0	48	51	
私立弘光醫事護理專校	N	0	0	49	0		
	D	98	192	203	0		
私立輔英醫事護理專校	D	0	0	96	0		
私立美和護理管理專校	D	0	0	94	89	94	
	N					112	
私立德育醫護管理專校	N	0	0	0	173	169	
	D	94	205	204	191	209	
私立長庚護理專科學校	D	0	0	0	50	53	
	D	0	0	98	96	106	
日間部總人數		192	397	947	1,033	1,196	3,765
夜間部總人數				49	653	836	1,538

資料來源：整理自教育部統計處（2000），《中華民國大專院校概況統計》。

度針對二年制幼兒保育科畢業生統計資料得知：在日間部部分畢業
了1,195名學生，夜間部則有836名學生。至於86學年度，日間部學
生共畢業了1,033名，夜間部有653名。由上述資料發現，每年平均
約有2,000名學生取得托育人員資格。截至87學年度為止，二年制的

幼兒保育系總共畢業了5,303名學生。

　　在幼兒保育技術系方面，在2000年共有屏東科技大學等9所設置。截至87學年度共計畢業了132名學生。由於在當時多數學校均為新設科系，所以尚未有畢業生，故至2000年為止，僅有國立屏東科技大學及國立台北護理學院孕育出具有保育人員資格的兒童福利專業人員（**表1-2**）。而在高職幼兒保育科部分，88學年度的學校數為57所，畢業生人數為5,445人，提供進修學分班有36所，共畢業了1,281人（教育部，2000）。

　　內政部自84年頒布《兒童福利專業人員資格要點》及86年頒布《兒童福利專業人員訓練實施方案》以來，已相繼補助各縣市政府辦理兒童福利專業人員訓練（包含：所長、保育人員、社工員及主任與保母等），從87年至88年為止，計有教保（社工人員）6,474人及保母13,041人，並花政府經費九千七百六十餘萬元（**表1-3**）。

表1-2　87至88學年度四年制幼兒保育系畢業學生人數統計表

SNAME	87學年度	86學年度	總人數
國立屏東科技大學	53	47	
國立台北護理學院	79	44	
總人數	91	132	223

資料來源：整理自教育部統計處（2000），《中華民國大專院校概況統計》。

表1-3　兒童福利專業人員訓練概況　　　　　　單位：元；人次

年別	教保人員訓練		保育人員訓練
	經費（元）	訓練人數	領有保母技術證人數
八十七年	39,499,000	3,082	7,297
八十八年	58,161,204	3,392	5,744
合計	97,660,204	6,474	13,041

*內政部擇定辦理兒童福利專業人員訓練大專院校（87.10.24止）30所。

資料來源：內政部社會司（2000），《內政概要統計》。

政府遵照兒童福利相關法規之規定，舉辦各類專業訓練。過去台灣省政府社會處為發展兒童福利事業，提升工作人員素質，於民國50年12月創設「兒童福利業務人員研習中心」，以現代化社會工作方法，調訓台灣省各級政府兒童福利行政人員、業務人員及公私立育幼院、村里托兒所及一般托兒所教保人員（李鍾元，1981）。民國70年時擴充為「社會福利工作人員研習中心」，繼續辦理相關業務。民國88年時受到精省的影響，改隸屬為內政部。

至於現階段的兒童福利專業人員訓練，主要是依據內政部頒布的《兒童福利專業人員資格要點》及《兒童福利專業人員訓練實施方案》（含訓練課程）兩項。在《兒童福利專業人員資格要點》部分，主要是規範各類兒童福利專業人員的資格標準，分別說明如下：

(一)兒童福利保育人員應具有之資格

1.專科以上學校兒童福利學系（科）或相關科系畢業者。
2.專科以上學校畢業，並經主管機關主（委）辦之兒童福利保育人員專業訓練及格者（540小時課程之丙類保育人員訓練）。
3.高中（職）學校幼兒保育、家政、護理等相關科系畢業，並經主管機關主（委）辦之兒童福利保育人員專業訓練及格者（360小時課程之乙類保育人員訓練）。
4.普通考試、丙等特種考試或委任職升等考試社會行政職系考試及格，並經主管機關主（委）辦之兒童福利保育人員專業訓練及格者（360小時課程之乙類保育人員訓練）。

(二)兒童福利助理保育人員應具有之資格

1.高中（職）學校幼兒保育、家政、護理等相關科系畢業，但並未經兒童福利保育人員專業訓練及格者。
2.高中（職）學校畢業，但非幼兒保育、家政、護理等相關科系，並經主管機關主（委）辦之兒童福利助理保育人員專業訓練及格者（360小時課程之甲類助理保育人員訓練）。

(三)兒童福利社工人員應具有之資格

1.大學以上社會工作或相關學系、所（組）畢業者。
2.大學以上畢業，並經主管機關主（委）辦之兒童福利社工人員專業訓練及格者（360小時課程之丁類社工人員訓練）。
3.專科學校畢業，並經主管機關主（委）辦之兒童福利社工人員專業訓練及格者（360小時課程之丁類社工人員訓練）。
4.高等考試、乙等特種考試或薦任職升等考試社會行政職系考試及格：普通考試、丙等特種考試或委任職升等考試社會行政職系考試及格，並經主管機關主（委）辦之兒童福利社工人員專業訓練及格者（360小時課程之丁類社工人員訓練）。
5.經國家社會工作師考試及格者，具有兒童福利社工人員之資格。

(四)兒童福利保母人員應具有之資格

根據本要點規定，「兒童福利保母人員」應經技術士技能檢定及格取得技術士證。凡通過行政院勞工委員會職業訓練局所辦理之保母人員丙級技術士技能檢定者，即發給保母人員職類技術士證。目前國內已有一萬餘名保母人員取得技術士證照。其保母人員技能

檢定應檢資格說明如下：

1. 年滿二十歲之本國國民。
2. 符合下列條件之一：
   (1) 完成國民義務教育（民國59年以前以國民小學畢業證書為準；民國60年以後，以國民中學畢業證書為準），並接受各級社政主管機關或其認可之單位，所辦理累計時數至少80小時托育相關訓練且取得證明者。
   (2) 高中（職）以上幼保相關科系畢業。
3. 符合規定之合格體檢表。

(五)托兒機構所長、主任（主管人員之一）應具有之資格

1. 大學以上兒童福利學系、所（組）或相關學系、所（組）畢業，具有二年以上托兒機構教保經驗，並經主管機關主（委）辦之主管專業訓練及格者（270小時課程之戊類托兒機構所長、主任訓練）。
2. 大學以上畢業，取得兒童福利保育人員資格，具有三年以上托兒機構教保經驗，並經主管機關主（委）辦之主管專業訓練及格者（270小時課程之戊類托兒機構所長、主任訓練）。
3. 專科學校畢業，取得兒童福利保育人員資格，具有四年以上托兒機構教保經驗，並經主管機關主（委）辦之主管專業訓練及格者（270小時課程之戊類托兒機構所長、主任訓練）。
4. 高中（職）學校畢業，取得兒童福利保育人員資格，具有五年以上托兒機構教保經驗，並經主管機關主（委）辦之主管專業訓練及格者（270小時課程之戊類托兒機構所長、主任訓練）。
5. 高等考試、乙等特種考試或薦任職升等考試社會行政職系考

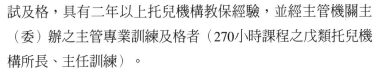

試及格，具有二年以上托兒機構教保經驗，並經主管機關主
（委）辦之主管專業訓練及格者（270小時課程之戊類托兒機
構所長、主任訓練）。

6.主管人員必須具備合格兒童福利保育人員資格再依其不同學
歷、專業背景，要求不同年資之相關教保經驗，並經過主管
專業訓練及格使得擔任。

(六)兒童教養保護機構所（院）長、主任（主管人員之二）應具有之資格

1.大學以上兒童福利學系、所（組）或相關學系、所（組）畢
業，具有二年以上社會福利（或相關）機構工作經驗，並經
主管機關主（委）辦之主管專業訓練及格者〔270小時課程之
己類兒童教養保護機構所（院）長、主任暨其他兒童福利機
構所（園、館）長、主任訓練〕。

2.專科以上學校畢業，取得兒童福利保育人員、社工人員、保
母人員等兒童福利專業人員資格之一，具有四年以上社會福
利（或相關）機構工作經驗，並經主管機關主（委）辦之主
管專業訓練及格者〔270小時課程之己類兒童教養保護機構所
（院）長、主任暨其他兒童福利機構所（園、館）長、主任
訓練〕。

3.高中（職）學校畢業，取得兒童福利保育人員、社工人員、
保母人員等兒童福利專業人員資格之一，具有五年以上社會
福利（或相關）機構工作經驗，並經主管機關主（委）辦之
主管專業訓練及格者〔270小時課程之己類兒童教養保護機構
所（院）長、主任暨其他兒童福利機構所（園、館）長、主
任訓練〕。

4.高等考試、乙等特種考試或薦任職升等考試社會行政職系考試及格，具有二年以上社會福利（或相關）機構工作經驗，並經主管機關主（委）辦之主管專業訓練及格者〔270小時課程之己類兒童教養保護機構所（院）長、主任暨其他兒童福利機構所（園、館）長、主任訓練〕。

5.合於相關目的事業主管機關所定資格者。

(七)其他兒童福利機構所（園、館）長、主任（主管人員之三）應具有之資格

1.大學以上兒童福利學系、所（組）或相關學系、所（組）畢業，具有二年以上社會福利（或相關）機構工作經驗，並經主管機關主（委）辦之主管專業訓練及格者〔270小時課程之己類兒童教養保護機構所（院）長、主任暨其他兒童福利機構所（園、館）長、主任訓練〕。

2.專科以上學校畢業，取得兒童福利保育人員、社工人員、保母人員等兒童福利專業人員資格之一，具有三年以上社會福利（或相關）機構工作經驗，並經主管機關主（委）辦之主管專業訓練及格者〔270小時課程之己類兒童教養保護機構所（院）長、主任暨其他兒童福利機構所（園、館）長、主任訓練〕。

3.高中（職）學校畢業，取得兒童福利保育人員、社工人員、保母人員等兒童福利專業人員資格之一，具有四年以上社會福利（或相關）機構工作經驗，並經主管機關主（委）辦之主管專業訓練及格者〔270小時課程之己類兒童教養保護機構所（院）長、主任暨其他兒童福利機構所（園、館）長、主任訓練〕。

4.高等考試、乙等特種考試或薦任職升等考試社會行政職系考試及格，具有二年以上社會福利（或相關）機構工作經驗，並經主管機關主（委）辦之主管專業訓練及格者〔270小時課程之己類兒童教養保護機構所（院）長、主任暨其他兒童福利機構所（園、館）長、主任訓練〕。

6.合於相關目的事業主管機關所定資格者。

　　整體而言，《兒童福利專業人員資格要點》對保育人員、助理保育人員、社工人員、保母人員、主管人員的資格取得已有詳細的規定，除了有意擔任公職者須取得國家考試及格外，還可透過學校專業的養成教育、接受基本專業訓練，經技能檢定，取得合格證照及透過國家考試及格取得證照等途徑。無論經由何種方式取得兒童福利專業人員的資格，我國兒童福利專業人員已邁入制度化及法制化，是顯而易見的事實。基本上，兒童福利專業人員之保母人員主要是提供○至六歲的家庭托育服務；保育人員及助理保育人員是在托兒所提供三至十二歲的托育服務。之後，在2003年兒童及少年福利機構專業人員資格及訓練辦法已隨兒童少年福利合併之後加以修訂，其中將兒童教保機構的專業人員定為保母，助理教保人員及教保人員，主管為托育機構之所長、主任。教保人員專業訓練課程仍維持360小時（20學分），只是具高中學歷只能當助理教保人員，大學（專）學歷才能當教保人員。

二、兒童教保服務之訓練課程

　　在課程設計方面，包含了教學基本學科，有幼兒文學、幼兒體能與遊戲、幼兒藝術、幼兒音樂與律動等等，在基礎教育課程方面則有幼兒發展與保育、特殊幼兒教育。在教育方法課程上，就包含了幼稚園課程設計、幼兒行為觀察、幼稚園行政等等，所以基本上

表1-4　師範院校與大學幼稚教育學程課程比較表

學級別	教學基本學科	教育基礎課程	教育方法課程	教育實習課程
師範院校	教學原理 幼兒文學與藝術 方案教學 幼兒語言發展	幼兒發展與保育 教育心理學 特殊教育導論 幼稚園課程設計 幼稚園行政與管理	幼兒教育概論 幼兒行為觀察 幼兒教育模式 幼兒行為輔導	幼稚園教育實習(1) 幼稚園教育實習(2) 幼稚園教育實習(3) 幼稚園教育實習(4) 幼稚園教材教法
幼教學程	幼兒體能與遊戲 幼兒音樂與律動 幼兒文學 幼兒藝術 幼兒語表達	幼兒發展與保育 特殊幼兒教育 幼教人員專業倫理	幼稚園行政 幼兒教育導論 幼稚園課程設計 幼兒行為觀察 幼兒教具設計與應用	教學實習(一) 教學實習(二) 幼稚園教材教法

　　主要的教學內容都切合幼教師資的培育目的，另外對於實習的課程，更是課程中的重點，能夠把理論與實務做一個結合，更能夠把教育的目標以及成果顯現出來（**表1-4**）。

　　在幼兒保育技術系方面，課程設計了一般的心理學、社會學、幼兒安全、親職教育等之外，主要還分為三大類：(1)衛生保健學科；(2)幼兒教育學科；(3)學齡兒童托育服務學科。在幼兒保育科方面，則是側重在：(1)嬰幼兒教保理論；(2)嬰幼兒教保環境暨活動設計；(3)嬰幼兒托育機構行政管理；(4)嬰幼兒教保實習，所以主要是切合在保育工作上面，未來因應改制後的狀況，所以需要更臻完整的課程設計，才能發揮教育的功效（**表1-5**）。

　　《兒童福利專業人員訓練實施方案》（含訓練課程）則是針對專業人員的依據、目的、主辦單位、訓練單位、證書頒發、評估考核、方案實施等項目都有詳盡的規定及執行方法，特別是針對各類兒童福利專業人員的訓練課程，做了相當明確的設計與規範（**表1-6**），以期提供最完善的訓練給兒童福利專業人員。

表1-5　幼保技術系與幼兒保育科課程對照表

系所別	教保原理	教保實務
幼保技術系	兒童發展與保育、幼兒行為觀察教育研究法、兒童福利政策與法規、兒童福利導論、社會工作概論、幼兒文學與藝術	幼兒教保概論、教保課程與活動設計、特殊兒童教育與輔導、嬰幼兒醫療保健概論及實務、教保模式、兒童遊戲、托育機構經營與管理、嬰幼兒營養衛生概論及實務
幼兒保育科	兒童發展、嬰幼兒教育、兒童行為輔導、兒童行為觀察與紀錄、幼兒文學與藝術、親職教育	教保課程與活動設計、教材教法、教具製作與應用、兒童安全、專業倫理、兒童生活常規與禮儀、課室管理、意外事故處理、兒童遊戲

表1-6　兒童福利專業人員訓練課程一覽表

甲、助理保育員——360小時		
課程	時數	內容概要
一、教保原理	126小時	
(一)兒童發展	54	兒童身心發展的知識。如身體、動作、語言、智力、情緒、社會、行為、人格、創造力等。
(二)嬰幼兒教育	36	嬰幼兒教育之理論基礎、沿革發展、制度、師資、未來展望等。
(三)兒童行為輔導	18	兒童行為之認識、診斷及輔導方法。
(四)兒童行為觀察與紀錄	18	兒童行為的觀察策略與紀錄分析、應用。
二、教保實務	234小時	
(一)教保課程與活動設計	36	各階段兒童教保單元之規劃、內容與實施。
(二)教材教法	36	兒童教材的內容、實施方式及應用。
(三)教具製作與應用	36	各階段兒童教保單元所需之教具設計、製作與應用。
(四)兒童安全	18	兒童安全與保護的意涵、內容概要、實施應用。

（續）表1-6 兒童福利專業人員訓練課程一覽表

(五)專業倫理	18	專業的意涵、品德修養、工作態度、倫理守則。
(六)嬰幼兒醫療保健概論及實務	18	各階段兒童常見疾病的認識、預防、保建及護理之應用。
(七)兒童生活常規與禮儀	18	兒童生活常規與禮儀的認識、實施方法及應用。
(八)課室管理	18	課堂上的溝通技巧、氣氛的營造、關係的建立。
(九)學習環境的設計與規劃	18	整體教保環境的空間設計與規劃等相關問題之探討。
(十)意外事故急救演練	18	各種意外傷害急救的方法、技巧、應用及防治。
乙、保育人員（兒童福利專業人員資格要點三之(三)、(四)）——360小時		
一、教保原理	**108小時**	
(一)兒童福利導論	36	兒童福利之意涵、理念、法規、政策及福利服務、發展趨勢。
(二)社會工作	36	兒童個案工作、團體工作、社區發展、社會資源應用。
(三)親職教育	36	親職教育的基本概念與理論、角色運作、內容規劃與實施方式。
二、教保實務	**144小時**	
(一)教保活動設計專題	18	各階段兒童教保活動之專題研究。
(二)教保模式	18	教保模式的意涵與理論、實施方式及應用。
(三)教材教法專題	18	兒童教材實施方式之專題研究。
(四)幼兒文學	18	幼兒讀物的選擇、賞析、應用。
(五)專業生涯與倫理	18	生涯規劃的理論與應用、自我成長、專業倫理。
(六)兒童遊戲	36	兒童遊戲的意義、理論、類別與輔導技巧、內容規劃及啓發應用。
(七)兒童安全	18	兒童安全與保護的意涵、內容概要、實施應用。
三、其他	**108小時**	

（續）表1-6　兒童福利專業人員訓練課程一覽表

(一)特殊兒童教育與輔導	36	各類特殊兒童之身心特徵（如智障、感覺統合失調、殘障、自閉症、過動兒、資優生）、教保方式、親職教育。
(二)嬰幼兒醫療保健概論及實務	18	各階段兒童常見疾病的認識、預防、保健及護理之應用。
(三)壓力調適	18	壓力的認識、解析及調適方式。
(四)人際關係	18	人際關係的理論、溝通技巧、實際應用。
(五)嬰幼兒營養衛生概論及實務	18	各階段兒童成長所需之餐點設計及製作。
丙、保育人員（兒童福利專業人員資格要點三之(二)）──540小時		
一、教保原理	**216小時**	
(一)兒童發展與保育	54	兒童身心發展的知識。如身體、動作、語言、智力、情緒、社會、行為、人格、創造力等。
(二)幼兒教育	36	幼兒教育之理論基礎、沿革發展、制度、師資、未來展望等。
(三)兒童行為觀察與紀錄	18	兒童行為的觀察策略與紀錄分析、應用。
(四)兒童福利導論	36	兒童福利之意涵、理念、法規、政策及福利服務、發展趨勢。
(五)社會工作	36	兒童個案工作、團體工作、社區發展、社會資源應用。
(六)親職教育		親職教育的基本概念與理論、角色運作、內容規劃與實施方式。
二、教保實務	**270小時**	
(一)教保課程與活動設計	72	各階段兒童教保單元之規劃、內容與實施。
(二)教材教法	72	兒童教材的內容、實施方式及應用。
(三)教具製作與應用	18	各階段兒童教保單元所需之教具設計、製作與應用。
(四)課室管理	18	課堂上的溝通技巧、氣氛的營造、關係的建立。
(五)學習環境的設計與規劃	18	整體教係環境的空間設計與規劃等相關問題之探討。

（續）表1-6　兒童福利專業人員訓練課程一覽表

(六)兒童遊戲	36	兒童遊戲的意義、理論、類別與輔導技巧、內容規劃及啟發應用。
(七)幼兒文學	36	幼兒讀物的選擇、賞析、應用。
三、其他	**54**小時	
(一)特殊兒童教育與輔導	36	各類特殊兒童之身心特徵（如智障、感覺統合失調、殘障、自閉症、過動兒、資優生）、教保方式、親職教育。
(二)嬰幼兒醫療保健概論及實務	18	各階段兒童常見疾病的認識、預防、保健及護理之應用。
丁、托兒機構所長、主任──270小時		
一、兒童福利專論	**36**小時	
(一)兒童保護	9	兒童保護的意義、內容概要、實施應用。
(二)兒童權利	9	兒童權利的意識、內涵及實施應用。
(三)兒童福利政策與法規	9	兒童福利之意涵、政策取向、法規內容。
(四)各國兒童福利比較	9	各國兒童福利政策、法規制度、服務措拖及分析比較。
二、托育服務專論	**54**小時	
(一)托兒機構評鑑	18	托兒所之評鑑內容、方式及實施。
(二)托育服務問題	18	托育服務推展現況之相關問題探討。
(三)各國托育服務比較	18	各國托育服務政策、法規、制度、服務措施及分析比較。
三、托兒機構經營與管理	**90**小時	
(一)公共關係	18	公共關係之基本理念、原則、技巧、人脈網絡之運用、資源之結合對機構營運之影響。
(二)財務管理	18	財務管理之基本原理、實施與應用。
(三)教保實務管理	18	教保實務的行政運作、機構管理等常見問題作專題實務探討。
(四)人力資源管理	18	機構人員之獎懲、晉升、福利等制度規劃，及差勤、異動之有效管理。
(五)領導與溝通	18	領導的理論、基本要領、領導者應有的風範、智能、擔當、應變及與屬下關係之探討。

（續）表1-6 兒童福利專業人員訓練課程一覽表

四、托兒機構教保專題	54小時	
(一)社會調查與研究	18	社會調查與研究之基本概念、理論應用及實施。
(二)教保方案設計與評估	18	教保方案之設計原則、目的、實施的考量，以及效益評估之探討。
(三)教保哲學與發展史	9	教保哲學思想的起源、發展及對兒童之影響。
(四)教保專業倫理	9	專業的意義、教保人員的專業智能、專業的品德修養與態度、道德教育及專業組織等的探討。
五、托兒機構社會工作	36小時	
(一)兒童個案管理	9	個案工作之基本原理、倫理守則、實施應用及對兒童行為之輔導。
(二)社區工作	9	社區的基本概念、發展、資源運用、社區組織、社區關係。
(三)特殊兒童工作	9	各類特殊兒童之身心特徵（如智障、感覺統合失調、殘障、自閉症、過動兒、資優生）、教保方式、親職教育。
(四)親職教育	9	親職教育實務運作方式及問題評估。
戊、兒童教養保護機構所（院）長、主任 其他兒童福利機構所（園、館）長、主任——270小時		
一、兒童福利專論	108小時	
(一)兒童權利	18	兒童權利的意識、內涵及實施應用。
(二)兒童保護	36	兒童保護的意義、內容概要、實施應用。
(三)兒童福利政策與法規	36	兒童福利之意涵、政策取向、法規內容。
(四)各國兒童福利比較	18	各國兒童福利政策、法規制度、服務措拖及分析比較。
二、福利機構經營與管理	72小時	
(一)公共關係	18	公共關係之基本理念、原則、技巧、人脈網絡之運用、資源之結合對機構營運之影響。
(二)財務管理	18	財務管理之基本原理、實施與應用。

（續）表1-6　兒童福利專業人員訓練課程一覽表

(三)人力資源管理	18	機構人員之獎懲、晉升、福利等制度規劃，以及差勤、異動之有效管理。
(四)領導與溝通	18	領導的理論、基本要領、領導者應有的風範、智能、擔當、應變及與屬下關係之探討。
三、專題討論	90小時	
(一)社會調查與研究	18	社會調查與研究之基本概念、理論應用及實施。
(二)福利服務發展	18	福利服務的意涵、措拖要領、發展沿革。
(三)方案規劃與評估	18	方案之設計原則、目的、實施等的考量，以及效益評估之探討。
(四)輔導與諮商	18	諮商與輔導的基本概念、專業業理、溝通技巧與實施應用。
(五)專題研究	18	就專業倫理、危機管理、壓力管理、家庭暴力等議題做專題討論。

資料來源：內政部（1997），《兒童福利專業人員訓練實施方案》。

　　綜合上述，托育服務之資格養成及訓練課程可歸納為三個層面：

(一)四年制高等教育之養成訓練

　　民國78年後之幼教系及86年後之大學幼稚教育學程以培育幼稚園教師為主。而托兒所之保育人員部分，則以大專院校之青少年兒童福利學系、生活應用科學系及86學年度之後的四年科技大學幼兒保育系之學生為主。在其訓練課程方面，幼稚園教師的資格取得，若是經由師範院校之幼稚教育系體系者，除需修畢128個本科學分（42個必修學分及86個選修學分）外，尚需加修20個幼稚教育學程。另外，大學之幼稚教育學程則是除本科之128個學分外，尚需修習27個幼稚教育相關課程學分及實習一年。至於保育人員的資

格取得，只要是畢業自大學之青少年兒童福利學系、生活應用科學系及幼兒保育系之學生皆可取得資格。其中，青少年兒童福利學系與生活應用科學系在其畢業學分中，除了共同必修學分之外，在其選修學分部分尚需包含至少26學分之幼稚教育相關課程學分。四年制幼兒保育系除了二十幾個共同必修學分之外，其餘皆是涉及幼兒托育及教育之相關理論與實務之課程。所以說來，四年制幼保系之訓練與九大師院之幼稚教育系訓練雷同，只是四年制幼保系將年齡提升至十二歲（例如：屏東技術學院）。至於青少年兒童福利學系與生活應用科學系等之兒童福利相關科系所開之幼稚教育課程（約20-30個學分）則較相似幼教學程之學分。

(二)二年制技職教育之養成訓練

　　主要是以培育幼稚園教師為主。其師資來源，例如：72年師專成立二年制幼師科及83學年度技職司所成立之二年制幼兒保育科之畢業生皆屬之。其訓練課程可分為教保原理及教保實務兩大類，除必修的72學分外，學生尚可依其興趣選修10學分，來增強自我實力。二年制之幼兒保育科因符合兒童福利專業人員之專科以上相關科系畢業之規定，故其保育人員資格的取得，在其畢業後經由托兒所申報社會局始得承認。

(三)高中（職）畢業加上20學分之專業課程訓練

　　幼稚園教師資格的取得，在民國84年《師資培育法》及《教師法》未通過之前，如修習過各師範院校所辦理的20學分的專業教育學分課程，即得以申請教師登記檢任。在托兒所保育人員資格方面，則以接受民國86年公布之兒童福利專業人員訓練實施方案至少360小時（約20個專業學分）之訓練及格者為限，得以申請助理保

育人員或保育人員之資格。

　　揆諸托兒所與幼稚園工作人員之資格與課程，可以分為三個階段──高中（職）、二技及四年大學畢業，而且各個階段之訓練及資格要求有其相似之處，只是因時間的推移加上立法之規範，目前在幼稚園是採最高學歷認證，而托兒所是採取最低學歷或採取專業訓練及格認定。爰此，我國托育培訓體系遂成為兩種分化之管道，一為師範體系，另一為托兒所教保人員之體系。前者在法令實施與推廣及培育體系管道通暢之下，造成了優勢的培育環境，也增加師資的提升與素質之齊一化；而後者仍屬於低學歷認定，只有專業課程及學分之培訓與養成，因而造成保育人員素質的參差不齊。

　　托育服務工作者的培育通常是在大學及學院的幼兒教育系或兒童福利系等相關的科系中養成。即使托育工作者的培訓計畫不斷改變，大多數的人還是以接受一般的養成教育為主。多數的培訓課程要求學生在普通教育上也擁有廣博的認識或專精某一領域。而普通教育的領域則包括：語文和讀寫能力、數學、科學、社會科、美術和音樂、健康教育以及體育等。近幾年來，幼兒教育的專業化已漸受到關切，我們從幼教從業人員的資格標準提升及強調其持續的專業發展中得到佐證。為了提升托育服務輸送之品質，以及建構一質優量足的多元托育環境，未來托育服務必然要走向專業化及托教整合之模式，而且是指日可期的。在《幼兒教育及照顧法》通過之後，師資培育仍回歸到教育體系，由高教司及技職司負責，惟要當幼兒教育師仍要通過研修幼教學程及通過教師檢定，其餘只能擔任教保員的職位。

第四節　兒童教保機構之種類與辦理形式

　　依2011年6月29日總統公布《幼兒教育及照顧法》及2011年11月30日修正的《兒童及少年福利與權益保障法》之規定，兒童教保機構可分為托嬰中心、幼兒園及課後照顧班〔目前依《國民小學辦理兒童課後照顧服務及人員資格標準》（主管機關為教育部）及《補習及進修教育法》（待修訂）〕。

一、兒童教保機構

(一)托嬰中心

　　依《兒童及少年福利與權益保障法》第七十五條規定兒童及少年福利機類分類如下：(1)托嬰中心；(2)早期療育機構；(3)安置及教養機構；(4)心理輔導或家庭諮詢機構；(5)其他兒童及少年福利機構。托嬰中心主要在辦理未滿二歲幼兒托育服務之機構，而且要適合具有收托五人以上之規模。托嬰中心應提供受托幼兒充分發展之學習活動及遊戲，以協助其完成各階段之發展，並依個別需求提供幼兒生活照顧、幼兒發展學習、幼兒衛生保育、親職教育及支持家庭功能，記錄幼兒生活成長與諮詢及轉介，協助幼兒身心健全發展。

　　托嬰中心之收托方式可分為四種：

　　1.半日托育：每日收托時間未滿六小時者。

　　2.日間托育：每日收托時間在六小時以上未滿十二小時者。

　　3.全日托育：每日收托時間為十二時以上未滿二十四小時者。

4.臨時托育：父母、監護人或其他實際照顧兒童之人因臨時事
　故送托者。

(二)幼兒園

　　幼兒園指對幼兒提供教育及照顧等功能之教保服務之機構，專
門收二至六歲之幼兒；二至三歲之幼兒，機構每班以十六人爲限，
且不得與其他年齡幼兒混齡；三歲以上至入國民小學前幼兒，每班
以三十人爲限。依《幼兒教育及照顧法》第十一條：幼兒園教保服
務之實施，應與家庭及社區密切配合，以達成下列目標：(1)維護幼
兒身心健康；(2)養成幼兒良好習慣；(3)豐富幼兒生活經驗；(4)增
進幼兒倫理觀念；(5)培養幼兒合群習性；(6)拓展幼兒美感經驗；
(7)發展幼兒創意思維；(8)建構幼兒文化認同；(9)啓發幼兒關懷環
境。幼兒園結合過去的幼兒托及幼稚園之功能，收托方式可分爲半
日托及全日托。

(三)課後照顧班

　　課後照顧班爲國小課後照顧服務，對象爲六至十二歲，主管單
位是教育部。其延伸過去內政部兒童局掌理的課後托育中心民間的
安親班以及國小辦理兒童課後照顧班，統稱爲「課後照顧班」，未
來補習班也可設置課後照顧班，至於相關設備、場地、師資必須要
符合相關規定（現在仍依兒童托育中心相關法源，未來要依《補習
及進修教育法》修訂辦理）。有必要時，教育部將著手修訂各相關
法規成爲國小課後照顧辦法。目前國小課後照顧班實施方式可分爲
兩種：(1)在國小辦理課後照顧服務；(2)在社區中設立機構辦理課後
輔導服務，其功能兼有安親、課輔及補習才藝等。

二、兒童教保機構實施方式

馮燕（1998）整理過去相關文獻並參酌當時的現況，觀察整理一些台灣托育設施類型及其功能網絡（**表1-7**、**表1-8**）。

表1-7　以兒童需求分類

需求＼年齡	1歲以下	1-3歲	3-6歲	6-12歲
一般兒童	·家庭保母 ·托嬰中心	·家庭保母 ·精緻托兒班	·托兒所 ·精緻托兒班	·課後托育中心 ·家庭保母
特殊兒童	·家庭保母	·家庭保母 ·精緻托兒班	·特殊兒童發展中心 ·精緻托兒班	

資料來源：馮燕（1998）。

表1-8　以設施功能分類

類型	托育設施	功能	收托對象	備註
機構式托育設施	托嬰中心	白天托、臨托、延托	·一般兒童 ·低收入戶兒童	政府提供經費補助、特殊托育專業訓練、支持性服務及定期督導
	公立托兒所	·白天托、臨托、延托 ·（早療）融合式托育 ·社區托育資源中心 ·教材教法研訓中心	·一般兒童 ·低收入戶兒童 ·輕度障礙兒童	強調社會福利角色及支援角色（包括訓練人員及提供資訊），設立以資源不足及偏遠地區優先
	公設民營托兒所	·白天托、臨托、延托 ·（早療）融合式托育	·一般兒童 ·低收入戶兒童 ·輕度障礙兒童	·私立托兒所示範角色 ·政府提供經費補助、特殊托育專業訓練、支持性服務及定期督導

（續）表1-8　以設施功能分類

類型	托育設施	功能	收托對象	備註
機構式托育設施	大型私立托兒所	白天托、臨托、延托	·一般兒童 ·低收入戶兒童 ·輕度障礙兒童	政府提供經費補助、特殊托育專業訓練、支持性服務及定期督導
	小型私立托兒所	白天托、臨托、延托	·一般兒童 ·低收入戶兒童 ·輕度障礙兒童	
	課後托育中心	學齡兒童課後托育	·一般兒童 ·低收入戶兒童	政府提供人員訓練機會及定期督導
	特殊兒童發展中心	·全日托 ·白天托、臨托、延托 ·家長訓練	各類特殊兒童（包括中、重度智障及其他類型殘障兒童等）	·提供其他類型托育設施技術性、專業性支援 ·政府提供經費補助、特殊托育專業訓練、支持性服務及定期督導
家庭式托育設施	精緻托兒班	白天托、臨托、延托	·一般兒童 ·低收入戶兒童 ·各類特殊兒童（包括中、重度智障及其他類型殘障兒童等）	政府提供經費補助、特殊托育專業訓練、支持性服務及定期督導
	家庭保母	·白天托、臨托、延托 ·全日托 ·家長訓練	·一般兒童 ·低收入戶兒童 ·各類特殊兒童（包括中、重度智障及其他類型殘障兒童等）	政府提供經費補助、特殊托育專業訓練、支持性服務及定期督導

資料來源：馮燕（1998）。

　　從馮燕（1998）的研究整理中，吾人可歸納出台灣過去數十年的托育服務發展及社會變遷下的需要，其托育方式有「公立托

兒所」、「公辦民營托兒所」、「企業附設托兒所」、「托嬰中心」、「特殊兒童托育中心」、「安親班」、「課後托育中心」、「保母」、「在家自行教育」、「公立幼稚園」、「公辦民營幼稚園」、「企業設附幼稚園」、「補習班」及「複合式托育服務」等。在2011年《幼兒教育及照顧法》公布之後，政府以完成幼托整合，並將過去各類名稱的托育機構整合為「托嬰中心」、「幼兒園」、「課後照顧班」，政府鼓勵民間設立機構辦理兒童托育與照顧服務，並立有法源及主管單位。此外，政府亦配合政策之推動，給予五歲幼兒的托育補助（私幼一學期補助一萬五千元，年收入低於七十萬的家庭，最高可補助三萬），但前提是幼兒必須就讀教育部列管的合作園所才能請領，可見是政府在宣達社會政策及社會正義分配不均時（公立及私立、城市及城鄉）的權宜之計，以合作園所作為申請補助要件，但合作園所是否能代表幼兒托育與照顧品質，值得商權。

參考文獻

Child Development Associate Consortium (1977). *Competency Standards*. Washington DC: The Consortium.

National Association for the Education of Young Children (1984). Results of the NAEYC survey of child care salaries and working conditions. *Young Children, 40*(1), 9-14.

內政部社會司（1997）。《兒童福利專業人員訓練實施方案》。

內政部社會司（2000）。《內政概要統計》。

王麗容（1999）。〈展望二十一世紀家庭政策——給女性一個選擇〉。家庭、社會政策及其財務策略國際學術研討會。中華民國社會福利學會。

行政院主計處（2000）。《台閩地區幼稚園、托兒所統計資料》。

李明珠（1986）。《幼稚園教師基本教學能力研究》。台灣師範大學家政教育研究所碩士論文。

李鍾元（1981）。《兒童福利》。台北：金鼎出版社。

周震歐等（1992）。《托育服務類型及其實務運作之調查研究》。台北：兒童福利聯盟文教基金會委託研究。

俞筱鈞、郭靜晃（1996）。《學齡前兒童托育問題之研究》。行政院研究發展考核委員會委託研究。

翁毓秀（1992）。《台灣地區托兒所現況調查報告》。內政部社會司委託研究。

張翠娥（1986）。《學前教育師資基本力分析研究》。中國文化大學兒童福利研究所碩士論文。

教育部統計處（2000）。《中華民國大專院校概況統計》。

教育部統計處（2000）。《中華民國教育統計》。

郭靜晃（1999a）。〈幼托人員合流之分級制度可行之探討〉。《社區發展季刊》，第86期，頁280-298。

郭靜晃（1999b）。〈托育服務工作專業及專業倫理〉。《社區發展季刊》，第86期，頁143-148。

郭靜晃、陳正乾譯（1998）。《幼兒教育：適合3～8歲幼兒的教學方

　　法》。台北：揚智文化。

郭耀東（1991）。〈托育服務需求與供給──托育現況報告〉。托育服
　　務綜合研討會。台北：兒童福利聯盟文教基金會委託研究。

馮燕（1995）。《托育服務：生態觀點的分析》。台北：巨流圖書。

馮燕（1998）。〈托育政策與托育服務網絡的建立〉。《社會政策與社
　　會工作學刊》，第2卷，第1期。

穆仁和（1999）。〈兒童托育服務的省思：台灣托兒所保育人員品質提
　　昇之需要性〉。《青少年兒童福利學刊》，第20期，中華民國青少
　　年兒童福利學會發行。

第二章

兒童教保機構行政

- 兒童教保機構之行政
- 兒童教保機構立案程序

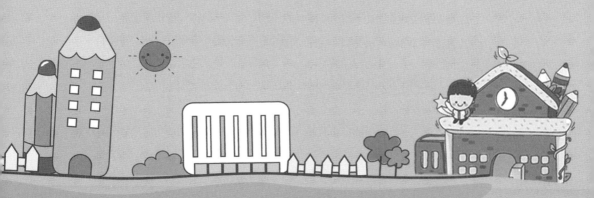

「行政」（administration）依《韋氏字典》的解釋有管理或導引事務之意；依《辭彙》之解釋係指國家與公共團體爲實現預定目的所做的事務與行爲。行政應用很廣，一般可應用於政治、公共政策及組織管理。從政治層面來看，係指行政機關依法所管轄的事務；從公共政策層面觀之，係指政府政策規劃與執行結果的一連串過程；從管理學層面觀之，組織行政是由計畫、組織、人員、指導、協調、報告與預算等持續不斷的歷程，以有效處理組織事務。

社會愈進步，就愈依賴各專業的分工，因此，社會上就產生大規模的組織，舉凡政府組織、私人企業、學校、團體等，而有組織就會產生行政。簡言之，行政即一個機關有效管理人、事、財、物等行爲，以達成目標的過程。

第一節　兒童教保機構之行政

由於兒童教保機構可分爲公立、私立，其行政工作性質兼含學校及企業組織，其在管理仍有一些相異之處，因爲學校是以教育爲目的，而其成效不易評估，但私立企業是以其利潤爲績效之首要。

一、行政組織應具備之條件

行政組織乃是針對推行公共事務所建立的行政機關，屬於行政組織或科層體制組織的一種（沈俊賢，1992）。而張潤書（1986）也引述了Weber的觀點，認爲此類行政組織應具備下列五種條件：

1.機關內的各個部分有固定的權力範圍，通常其備有法律的明文規定。

2.上下單位間有層級統屬的關係，上級單位對下級單位有指

揮、監督及命令之權，而下級對上級則有絕對服從之義務。

3.辦公人員一般都須經過專門的知識訓練；唯有具備規定資格的人才可被錄用。

4.辦公人員領取固定的薪水，可依照一定的步驟升遷，並可以把自己的工作當作終身的生涯。

5.處理行政事務必須遵循一定的規則和程序。

二、行政之原則

任何組織必須兼顧效率（efficiency）和效能（effectiveness）才能發揮組織功效。所以兒童教保機構仍類似學校行政，而學校行政之原則，可歸納如下（吳清山，1991）：

1.專業化原則：學校行政人員要有專業知能與素養，才能以專業理念從事行政工作。

2.科學化原則：學校行政要掌握資訊化，運用有組織、有系統的方法，處理各項業務。

3.學術化原則：學校行政人員要隨時進修與研究，掌握動態訊息以有效解決教育行政之實務問題。

4.民主化原則：處理學校行政，多運用會議方式，集思廣益，以求取最大問題解決之效果。

5.整體化原則：學校有各層面組織，要去除「本位主義」，加強平行聯繫，以謀求學校整體發展，以達行政目標。

6.彈性原則：學校事務處理宜要保持充分的彈性，以適應學校環境可能之變化與發展，以達事半功倍之效。

7.績效原則：學校行政之目的在追求組織之績效，尤其是教育和社會效益。

三、行政之範圍

　　兒童教保機構的行政乃是機構依據教保原則，運用科學方法，對機構內人、事、財、物做最有效的處理，以達到組織效能，以增進兒童健康成長、達成兒童教育與照顧目標的歷程。兒童教保機構行政之範圍，分列如下：

1. 行政組織編制：兒童教保機構為達到教育目標與行政效率，須有系統而適當的行政組織，視其規模之大小、公私立別及人員多寡而定。決定教保機構行政組織編制時，須注意法令依據及管理的方便。私立的教保機構尚須注意董事會組織，是否為法人等問題。

2. 行政計畫與教保機構業務分掌：教保機構的行政工作相當複雜，為求行政績效，須擬訂周密的行政教保機構業務實施計畫、行事曆、各部門年度工作計畫等，而每一部門的工作人員如何分工合作，則須明訂教保機構務分掌明細表，以推動業務之順利進行。

3. 各項會議與規程章則：有關教保機構的會議可依規模大小做彈性調整，通常有教保機構業務會議、總務會議、各類研究會及家長會等。規程章則方面，教保機構可依需要訂定，以適應行政需要，讓全體教職員工有依循準則。

4. 教務工作：如招生報名、班級編班分配、建立幼兒資料、訂定生活作息時間表，規劃幼兒學習評量等工作，尤其在教學品質的提升方面，教務部門須做周詳的規劃。

5. 保育工作：幼兒的學習活動與保育工作不可分割，有些教保機構將教務與保育工作合併為教保組的工作，如規模較大，可分成兩組人員分掌。保育工作包括導護、校內外活動安

排、每日餐點調配與管理、健康安全教育與設施之規劃、家
庭訪問與聯絡等。

6.總務工作：包括文書、圖書、庶務、經費等項工作，諸如：
公文、檔案的管理；教具、學用品、圖書等的採買與保管；
教保機構建築、房舍設備修繕；經費的分配管理都是總務工
作。

四、行政之問題

台灣兒童教保機構隨著社會變遷及法令、制度、政府介入，加
上少子化的影響，機構之數量與品質有著相當明顯的變化，基於同
行競爭、政府監督、管理與輔導之因應，機構愈來愈重視如何管理
以提高行政效率的問題。蔡春美（2007：39-40）指出，台灣幼兒園
所在行政上的問題有：

1.園所主持人未具有正確幼教理念，宜多吸收幼教新知。
2.不諳法令規章，不懂報表簿冊之整理，尤其e化處理，宜加強
熟練。
3.園所主管沒有行政領導理念，宜加強進修體驗。
4.忽視制度化的重要，宜凡事建立制度以法治人。
5.未能適度建立園所與家庭、社區之關係，宜多費心經營。
6.對評鑑或督導人員不知如何表現園所的優點，宜深入探討。

第二節　兒童教保機構立案程序

各級政府依《幼兒教育及照顧法》立法宗旨：幼兒教育爲促進
兒童身心健全發展，達到維護兒童身心健康，養成兒童良好習慣，

充實兒童生活經驗，增進兒童倫理觀念，培養兒童合群習性之目標。托嬰中心可依《幼兒教育及照顧法》中之規定訂定托嬰中心設置辦法，其目的為保障幼兒安全、健康、照顧，托嬰中心應依幼兒身心發展特性、生活與學習活動需要，及考量衛生、安全、經濟、實用及效益之原則設置。在兒童教保機構之立案需符合相關規定，如申請、現場會勘、核發立案證書及資料建檔等程序，更要符合相關法令規定：(1)《幼兒教育及照顧法》；(2)《建築法》及《建築法》第七十三條執行要點；(3)《消防法》；(4)《幼兒園及其分班基本設施設備標準》；(5)《幼兒園與其分班設立變更及管理辦法》；(6)《直轄市縣（市）政府辦理幼兒園與其分班設立變更許可及管理注意事項》；(7)《師資培育法》；(8)《私立學校法》；(9)《都市計畫法》；(10)《教育部審議教育事業申請免受山坡地開發建築面積不得少於十公頃限制案件審查原則》。

一、托嬰中心立案申請

托嬰中心之設置，主要是依《兒童及少年福利機構設置標準》之規定，除了符合托嬰中心設置辦法外，尚須依衛生、消防、建管、地政等相關主管機關規定辦理。其申請之程序為完成完善籌備計畫→立案申請→現場會勘→核發立案證書，除了山地、偏遠、離島、原住民地區因本身場合依托嬰中心立案申請有其困難者，得專案報直轄市，縣（市）主管機關審查，並經中央主管機關同意後辦理（依《兒童及少年福利機構設置標準》第三十條訂定）。

有關托嬰中心設置，其中之規定分述如下：

1.托嬰中心應有固定地點及完整專用場地，其使用建築物樓層以使用地面樓層一樓至三樓為限，並得報請主管機關許可，附帶使用地下一樓作為行政或儲藏等非兒童活動之用途。

（依《兒童及少年福利機構設置標準》第七條訂定）

2.托嬰中心應規劃下列幼兒日常教保活動所需空間或區域：
（依《托嬰中心設置辦法草案》第五條訂定）

(1)活動室：生活、學習、遊戲、教具與玩具操作的空間。

(2)睡眠區：睡眠、休憩的空間。

(3)盥洗區及盥洗室：盥洗區為清潔及設有沐浴槽及護理台之空間，得設置於活動室中，或與盥洗室合併設置；盥洗室為幼兒洗手、洗臉、如廁、沐浴之空間。

(4)備餐區：調理食品及設有調奶台之空間。

(5)用餐區：使用餐點的空間。

(6)室外活動區：室外遊戲空間。

(7)保健區：存放急救藥品與安置生病嬰幼兒的空間。

托嬰中心之室內空間，得視實際狀況調整配置，盥洗區（盥洗室）與備餐區應有所區隔；室外活動區，得以室內遊戲區代替；保健區得附設在辦公場所或托嬰中心人員方便監督的空間。

3.托嬰中心得視需要提供下列輔助服務空間：

(1)辦公室。

(2)接待室。

(3)儲藏室。

(4)廚房。

(5)其他服務空間。（第六條）

4.托嬰中心每名幼兒所需室內活動樓地板面積不得少於2平方公尺，室外活動面積不得少於1.5平方公尺。但無室外活動面積或室外活動面積不足時，得另以其他室內活動樓地板面積每名幼兒至少1.5平方公尺代之。（第七條）

5.托嬰中心室內樓地板面積及室外活動面積，扣除辦公室、接

待室、保健室、盥洗室、廚房、儲藏室、防火空間、樓梯、陽台、法定停車空間及騎樓等空間後，合計應達60平方公尺以上；其中室內樓地板淨面積至少35平方公尺。

托嬰中心兼辦其他教保服務業務者，合計應達100平方公尺以上。（第八條）

6.托嬰中心應設置下列設施設備：

(1)調奶台：至少長90公分，寬60公分，離地面75公分以上，且應為易清洗、不易藏汙納垢之材質。

(2)護理台：至少長110公分，寬60公分以上，高度依托嬰中心實際之需要調整之，其台面應設有軟墊，且平滑易於清洗。

(3)沐浴槽：內槽至少長60公分，寬40公分以上，高度不應高於30公分以上，其擺設高度依托嬰中心實際之需要調整之。沐浴槽如為不鏽鋼材質應設有塑膠澡盆。

托嬰中心之調奶台、護理台及沐浴槽應搭配櫥櫃之設置，以收納幼兒之調奶器具、衛生護理器具及沐浴用具等。（第九條）

7.托嬰中心提供幼兒睡眠所需之設備應符合下列規定：

(1)提供每名幼兒個人衣物之櫥櫃或存放空間。

(2)每一位幼兒有一張幼兒床與個人用寢具。

(3)提供未發展出翻身能力幼兒之嬰兒床，應有護欄且安全固定。

(4)提供擁有翻身能力嬰幼兒之睡床，可使用帆布床、床墊、愛兒床或嬰兒床之設置。

嬰兒床或個人睡床擺設之間距應保持10公分以上；若提供有高度但無護欄之睡床，應在床具周圍鋪設軟墊。（第十條）

8.托嬰中心之盥洗區應備有沐浴槽、護理台、澡盆、活動式如廁訓練便盆及沐浴用之器具，水龍頭之設置應考量幼兒沐浴時之高度，以不碰撞幼兒為原則，或以可移動式的水龍頭代

替。

托嬰中心盥洗室設備應符合下列規定：

(1)供幼兒使用之專用便器、澡盆、溫水淋浴設備。

(2)每收托十名幼兒，應提供幼兒專用便器一套，未滿十人者，以十人計；但嬰幼兒專用便器得以活動式如廁訓練便盆或於成人便器加裝輔具代替，以活動式如廁訓練便盆取代者，應每收托五名幼兒即提供一套，未滿五人者，以五人計。

(3)每收托十名幼兒應設置水龍頭、洗手台、蓮蓬頭各一座，未滿十人者，以十人計；水龍頭、洗手台高度應考量嬰幼兒身高，符合較大幼兒（學步兒）之需求。

(4)熱水水龍頭，應設置於幼兒無法觸及之處，或加裝安全裝置。（第十一條）

9.托嬰中心之備餐區應備有調奶台、熱水瓶、奶瓶消毒器具，且有完善的給水、排水系統，並應設有柵欄或拉門阻隔幼兒進入盥洗區。（第十二條）

10.托嬰中心用餐區應依幼兒發展需求而提供餐桌椅或用餐台，其設備應符合下列規定：

(1)有足夠幼兒使用之用餐桌椅或台面，桌椅或台面之高度應適合幼兒需求。

(2)懷抱或餵食嬰兒時專用的成人尺寸座椅。（第十三條）

11.托嬰中心室內遊戲區應提供符合幼兒發展之遊戲設備與材料，滿足不同年齡層幼兒之體能發展與需求。其設備應符合下列規定：

(1)提供可發展大肌肉發展的室內遊戲設備及遊具。

(2)室內遊戲區之牆面、地板應採具有防撞材質之軟墊。（第十四條）

12.托嬰中心如設有室外遊戲區，其設備應符合下列規定：

　(1)室外遊戲器材，應考慮安全、耐用、衛生，且應符合中華民國國家標準及相關法令之規定。

　(2)擺盪大、衝擊性強器材，不應設置在主要活動動線上。

　（第十五條）

二、幼兒園立案申請

　　幼兒園之申請其程序除了完善之籌備計畫，接下來就是要完成申請、現場會勘、核發立案證書，才能執行機構運作。本小節以新北市政府之相關法規提供參閱。

　　民眾應附證件、書表、表單、附件（申請幼兒園立案屬適用免書證免謄本案件：申請人得免附身分證影本、土地或建物謄本，由新北市府利用戶政、地政電傳系統上網逕行查證列印）：

(一)都市計畫區（以下所有文件乙式二份，請一律使用A3或A4格式）

　1.以負責人方式提出申請者：除負責人履歷表、保證書、身分證影本、保證人身分證影本外，尚須檢附3.之所有資料。

　2.以財團法人、社團法人或人民團體方式提出申請者：除以下資料外，尚須檢附3.之所有資料。

　(1)董事會、理事會或會員代表大會之備案申報事項表。

　(2)董事會、理事會或會員代表大會之成立會議紀錄（請附正本）。

　(3)董事會組織章程、法人或團體章程。

　(4)受聘同意書（所有董事、理事或監事皆須檢附，請附正本）。

(5)身分證影本（所有董事、理事或監事皆須檢附）。

(6)學歷證件（教育董事、理事或監事應附）。

(7)服務經歷證明書（教育董事、理事或監事應附）。

(8)主管同意書（教育董事、理事或監事應附）（若屬已退休或離職者，應附退職令或離職證明）。

(9)董事、理事或監事相互間有配偶或三等親以內血親姻親之關係者未超過三分之一之切結書。

(10)法人捐助章程或團體章程。

(11)法人或人民團體登記證書。

(12)法人或團體財產名下之財產證明影本。

(13)法人（團體）及董事（理事、監事）之印鑑清冊。

3.申請立案共同應附資料：

(1)申請立案應報資料一覽表（**表2-1**）。

(2)申請書（**附錄一**）。

(3)設園計畫表。

(4)負責人或董事長（理事長）之照片（正面、脫帽、半身、薄光面、黑白或彩色、一吋），請提供相同照片一式兩張。

(5)土地清冊。

(6)地籍圖謄本（須為最近二個月內，不得以影本代替）。

(7)土地使用分區證明（區公所核發，不得以影本代替）。

(8)設園園址、園舍所有權證明（土地及建物登記謄本），或租用或借用五年以上經公證之契約：土地、建物所有權人若非創辦人或負責人者，應辦理租（借）用公證契約（請附正本）。公證契約上土地、建物（地段、地號、建號）租（借）範圍應列清楚，建物用途須註明「幼兒園」用，住家及營業均不符合規定。

表2-1　申請設立應報資料一覽表

編號	新北市私立○○○幼兒園申請立案應報資料一覽表 （本申請表暨下列所附資料均應乙式三份） 年　月　日	申請人自填		審核者填寫	
		有	無	符合	不符
一	申請書				
二	設園計畫表				
三	指定負責人履歷表、保證書、身分證影本、保證人身分證影本（設董事會者免送）				
四	負責人或董事長照片（正面、脫帽、半身、薄光面、黑白或彩色、一吋），請提供相同照片一式兩張				
五	法人或團體登記證明文件影本（非財團法人、社團法人或人民團體附設者免送）				
六	董事會或理事會備案申報事項表（附董事身分證明等有關證明文件，非財團法人、社團法人或人民團體附設者免送）				
七	法人或團體之代表人簡歷表（非財團法人、社團法人或人民團體附設者免送）				
八	董事、理事或監事名冊及國民身分證影本（非財團法人、社團法人或人民團體附設者免送）				
九	法人或團體，及董事、理事或監事之印鑑清冊（非財團法人、社團法人或人民團體附設者免送）				
十	董事會組織章程、法人或團體章程（非財團法人、社團法人或人民團體附設者免送）				
十一	願任董事、理事或監事同意書正本（非財團法人、社團法人或人民團體附設者免送）				
十二	董事會、理事會或會員代表大會之成立會議紀錄正本（非財團法人、社團法人或人民團體附設者免送）				
十三	董事、理事或監事相互間有配偶或三等親以內血親姻親之關係者未超過三分之一之切結書（非財團法人、社團法人或人民團體附設者免送）				
十四	土地清冊				
十五	地籍圖謄本（須為最近二個月內，以影本代替）				
十六	都市計畫內：土地使用分區證明（各區公所核發，不得以影本代替，都市計畫外免送）				

資料來源：新北市政府（2012）。

附錄一　幼兒園申請書

受文者：新北市政府

主旨：□申請設立幼兒園

　　　□申請變更幼兒園名稱

　　　□申請變更幼兒園負責人

　　　□申請增加／減少幼兒園核定收托人數

　　　□申請幼兒園遷移

　　　□申請幼兒園改建／擴充／縮減場地

　　　□申請幼兒園停辦／歇業／復辦

　　　□申請撤銷或廢止幼兒園設立許可

　　　□申請幼兒園董事會變更

　　　□申請兼辦國民小學課後照顧服務

說明：

　　一、依據幼兒教育及照顧法、幼兒園與其分班設立變更及管理辦
　　　　法、幼兒園及其分班基本設施設備標準等相關規定辦理。

　　二、幼兒園名稱：新北市私立　　　幼兒園。

　　三、幼兒園地址：新北市　　區　　里　　鄰　　路（街）　　段
　　　　巷　　弄　　號　　樓（座落　　段　　小段　　地號）。

　　四、檢附申請相關資料一式五份。

　　　　　　　　申請人：　　　　　　　（簽名及蓋章）

　　　　　　　　身分證統一編號：

　　　　　　　　聯絡住址：

　　　　　　　　聯絡電話：

中　華　民　國　　　　　年　　　　　月　　　　　日

(9)土地持份所有人同意書：園舍之土地權利範圍不完整，請檢附該地其他土地權利範圍持份所有人同意書（請附正本）。

(10)建築物位置圖。

(11)建築物竣工圖。

(12)建築物消防安全設備圖說及消防安全機關查驗合格之證明文件。

(13)房屋使用執照存根影本（用途須登記「幼兒園」用有效期限為最近二個月內。請向工務局申請核發，不受理自行影印之影本）。

(14)建築物若屬四層樓以上，應檢附四樓以上不使用切結書，倘經查有不符規定，願受法律處置。

(15)使用執照工程設計圖說及依實際情況繪製園舍平面圖簡圖，並標明各主要部分之尺寸，以公尺為單位（含戶外供幼稚園使用場地範圍、面積）。每間教室應有兩個門且應接臨避難通道、淨面積30平方公尺以上、桌面照度350勒克司、黑板500勒克司以上。

(16)園舍基地面積使用說明表。

(17)園址若為公共設施保留地者，應立於徵收時無償無條件撤銷立案切結書。

(18)幼兒園園則：包括兒童之人數、班級數、兒童入園出園之手續及免費名額等。

(19)設施及設備檢核表。

(20)財產目錄清冊及設備一覽表。

(21)幼兒園基金存款證明（須為最近二個月內所開立，金額在新台幣三十萬元以上）：其屬財團法人者，以法人名義專戶儲存；非屬財團法人者，應以負責人，並列幼兒

園名義專戶儲存。

(22)園長及教職員名冊。

(23)園長專職切結書、園長服務經歷證明書、園長與教保服務人員之相關學經歷證明文件影本。

(24)經費來源及經常預算表。

(二)非都市計畫區

1.使用土地位於山坡地範圍內者，如開發建築面積少於十公頃，須先申請教育事業免受山坡地開發建築面積不得少於十公頃限制，經本府教育局轉陳教育部核准同意後，再由本府依非都市土地使用管制規則等相關規定審核辦理土地變更為幼稚園設施使用事宜。

2.土地變更為幼兒園設施使用，應檢附下列文件資料正本乙式七份向新北市府教育局提出申辦：

(1)設立幼兒園計畫書。

(2)非都市土地變更編定申請書。

(3)土地使用同意書（應註明同意變更作為幼稚園設施用途使用，申請人為所有權人時免附）。

(4)計畫用地配置示意圖（比例尺不得小於一千二百分之一，並應標示基地臨街道路之寬度、長度），及位置圖（比例尺不得小於五千分之一），以上圖樣請申請人委由專業測量技師簽證。

(5)於山坡地範圍內者，應檢附水土保持計畫書。

(6)屬農業用地者，應附農地變更使用說明書。

(7)申請面積在二公頃以上，依規定應徵得區域計畫擬定機關同意者，其土地使用計畫依都市土地開發審議規範相關規

定辦理。

(8)符合下列地區之一，依「開發行為應實施環境影響評估細目及範圍認定標準」規定，應實施環境影響評估。

- ・位於國家公園，其申請開發面積一公頃以上或擴建面積累積一公頃以上者。
- ・位於野生動物保護區或野生動物重要棲息環境。
- ・位於山坡地，申請開發面積五公頃以上者；其在自來水水源水質水量保護區，申請開發面積一公頃以上者。
- ・申請開發面積十公頃以上或擴建面積累積五公頃以上者。

(9)經費來源說明表及證明文件。

(10)地籍圖謄本（申請變更範圍應著色標明）。

3.新北市府受理前項申請後，應先查核附件是否齊全，內容是否符合規定，再會同有關單位依非都市土地變更作為幼稚園設施使用作業審查表核簽具體意見，審核通過後，通知申請人向本府地政單位申請辦理變更編定。

4.建築物或開發區域達五百人或一百戶以上者，依下水道法第八條暨該法施行細則第四條規定，應設置專用下水道。

5.取得使用執照（用途：幼兒園）後，依上開「一、都市計畫區」申請興辦幼兒園立案，應附證件、書表、表單與附件等資料（除土地使用分區證明外）辦理。

(三)幼兒園印信規格

有關幼兒園之印信規格有園印信、園長章及董事會圖記（**圖2-1**至**圖2-3**）。

有關新北市幼兒園立案申流可再參閱**圖2-4**及**附錄二**。

56

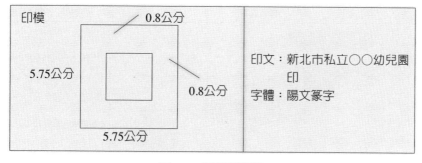

圖2-1　園印信規格

資料來源：新北市政府（2012）。

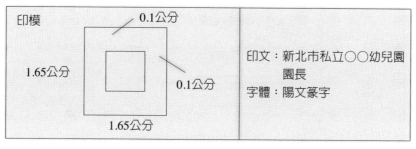

圖2-2　園長章印信規格

資料來源：新北市政府（2012）。

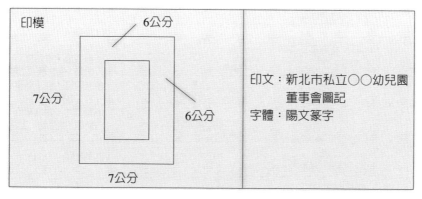

圖2-3　董事會圖記規格

資料來源：新北市政府（2012）。

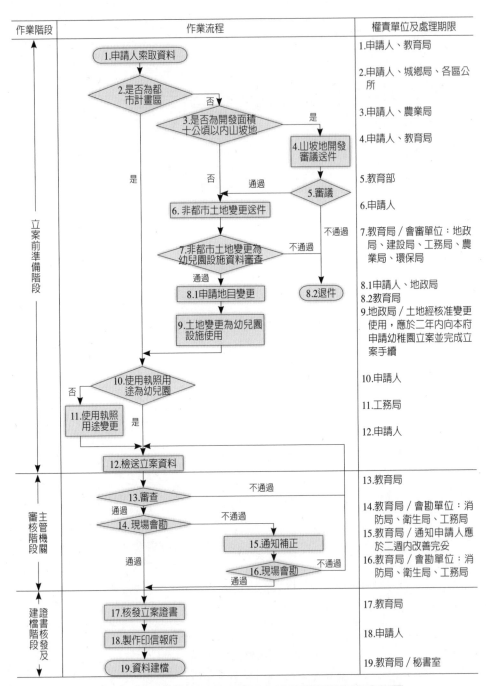

圖2-4　新北市政府受理申請設立幼兒園標準作業流程圖

資料來源：新北市政府（2012）。

附錄二　新北市政府受理申請設立幼兒園立案標準作業流程說明

作業階段	作業流程	權責機關／人員	步驟說明	作業期限
立案前準備階段	1.申請人索取資料	申請人、教育局	申請人向教育局索取本市申請設立幼兒園須知參考後提出申請。	
	2.是否為都市計畫區	申請人、城鄉局、各區公所	擬設立幼兒園之土地是否為都市計畫區，申請人如有都市計畫範圍疑問，可洽詢本府城鄉發展局（電話：29603456分機7022至7205）或各區公所。	
	3.是否為開發面積十公頃以內山坡地	申請人、農業局	擬設立幼兒園土地在十公頃以內，為山坡地範圍內者。申請人如有山坡地範圍疑問，可洽詢本府農業局（電話：29603456分機3121至3145）。	
	4.山坡地開發審議送件	申請人、教育局	擬設立幼兒園土地在十公頃以內，為山坡地範圍內者，申請人須先申請教育事業免受山坡地開發建築面積不得少於十公頃限制，經本府教育局轉陳教育部審議。	教育局收件後七日內轉陳。
	5.審議	教育部	教育部審議設立幼兒園土地，核復同意者，始得提報本府審核辦理土地變更為幼兒園設施使用。	
	6.非都市土地變更送件	申請人	壹、為非都市計畫區，應辦理土地變更為幼兒園設施使用，並由申請人檢附下列文件資料正本乙式七份向教育局提出申辦： 一、設立幼兒園計畫書【（民）附件七】。 二、非都市土地變更編定申請書【（民）表十】。 三、土地使用同意書（應註明同意變更作為幼兒園設施用途使用，申請人為所有權人時免附）。 四、計畫用地配置示意圖（比例尺不得小於一千二百分之一，並應標示基地臨街道路之寬度、長度），及位置圖（比例尺不得小於五千分之一）。以上圖樣請申請人委由專業測量技師簽證。 五、於山坡地範圍內者，應檢附水土保持計畫書（可洽詢本府農業局）。 六、屬農業用地者，應附農業變更使用說明書（可洽詢本府農業局）。	本案屬適用免書證免謄本案件；申請人得免附身分證影本、土地或建物謄本，由本府利用戶政、地政電傳系統上網逕行查證列印。

作業階段	作業流程	權責機關／人員	步驟說明	作業期限
立案前準備階段			七、申請面積在二公頃以上，依規定應徵得區域計畫擬定機關（北部區域計畫擬定機關——內政部營建署）同意者，其土地使用計畫依都市土地開發審議規範相關規定辦理。 八、依「開發行為應實施環境評估細目及範圍認定標準」規定，應實施環境影響評估。 九、經費來源說明表及證明資料。 十、地籍圖謄本（申請變更範圍應著色標明，不得以影本代替）（可洽詢所在地地政事務所）。 貳、下列地區不得申請為幼兒園設施使用： 一、農業區經辦竣農地重劃之農地。 二、保安林地。 三、經政府核定養殖漁業生產區或經同意之養殖漁業生產區預定地範圍內之土地。 四、其他依法令禁止開發使用之土地。 參、經核准變更使用之土地，不得移作原申請目的以外之其他目的事業使用，且應於核准日起二年內，向本府申請立案及完成立案手續，逾期未完成立案者，應註銷其許可，並恢復原編定。	
	7.非都市土地變更為幼兒園設施資料審查	教育局、地政局、經濟發展局、工務局、農業局、環保局、水利局	壹、教育局承辦人依本府受理非都市土地變更為幼兒園設施使用事業計畫審查作業要點（附件三）及非都市土地變更為幼兒園設施使用作業審查表（附件四）審查。 貳、審查事項 一、教育局 (一)申請書填寫是否完整、正確。 (二)申請面積及配置是否適當。 (三)設立計畫是否詳實具體可行。 (四)經費來源是否足以維持與發展業務需要。	教育局收件後七日內完成初核。 教育局初核通過後分會相關各局審查及排定會勘時間，於十四日內完成。

作業階段	作業流程	權責機關／人員	步驟說明	作業期限
立案前準備階段			(五)是否檢附配置圖、位置圖。 (六)使用地政電傳系統上網查證其土地、建物登記情形並下載列印。 (七)其他。 二、地政局 (一)變更編定用地是否符合非都市土地使用管制規則規定。 (二)是否檢附變更編定使用同意書。 (三)是否檢附奉核准興辦事業文件。 (四)是否檢附地籍圖謄本（申請變更範圍請著色標明）。 (五)是否檢附配置圖、位置圖。 (六)是否為特定農業區經辦竣農地重劃之農地。 (七)其他。 三、經濟發展局 (一)是否已依法註銷工廠登記。 (二)是否同意移作非（窯）業使用。 (三)是否位於風景區或風景特定區經營管理範圍內。 (四)其他。 四、工務局 (一)申請用地是否臨接道路（道路寬度、臨街長度是否得為目的事業建築使用）。 (二)山坡地範圍土地涉及開發建築行為者，有無檢附主管建築機關核發之雜項工程完工查驗合格證明或符合山坡地開發建築管理辦法第十八條第一項但書規定者之開發許可文件。 (三)有管制規則第十二條第二項規定之一者，應檢具區域計畫擬定機關審議同意之文件。 (四)其他。	

作業階段	作業流程	權責機關／人員	步驟說明	作業期限
立案前準備階段			五、農業局 (一)是否屬山坡地範圍，水土保持計畫是否經核可行。 (二)是否影響鄰近農地利用及農業生產環境。 (三)是否屬於保安林範圍。 (四)是否位於經政府核定之養殖漁業生產區域或經政府同意之養殖漁業生產區預定地範圍內。 (五)是否影響養殖漁業生產、利用環境及養殖業灌、排水功能。 (六)其他。 六、環保局 (一)依「開發行為應實施環境影響評估細目及範圍認定標準」應提出環境影響評估者，是否符合規定。 (二)是否位於水源水質保護區。 (三)其他。 七、水利局 (一)是否影響鄰近農地灌溉排水設施。 (二)建築物或開發地區達五百人或一百戶以上者，是否設置專用地下水道。 參、會審單位：教育局、地政局、經濟發展局、工務局、農業局、環保局、水利局。	
	8.1申請地目變更	申請人、地政局	非都市計畫區土地變更為幼兒園設施使用事業計畫經審核通過後，申請人請逕洽地政局辦理變更編定。	
	8.2退件	教育局	未獲通過教育部核准免受山坡地開發建築面積不得少於十公頃限制者，或非都市土地變更為幼兒園設施使用事業計畫之審核者，由教育局函知退件。	七日
	9.土地地變更為幼兒園設施使用	地政局	非都市計畫區之土地經核准變更使用，不得移作原申請目的以外之其他目的之事業使用，且應於核准日起二年內，向本府申請幼兒園立案並完成立案手續，逾期未完成立案者，應註銷其許可，並恢復原編定。	土地經核准變更使用，應於二年內完成立案。

作業 階段	作業流程	權責機關／ 人員	步驟說明	作業期限
立案前準備階段	10.使用執照用途為幼兒園	申請人	壹、使用執照如為幼兒園用途，直接檢送立案資料送教育局審查。 貳、使用執照非幼兒園用途，應向工務局申請辦理使用執照用途變更。	
	11.使用執照用途變更	工務局	申請人向工務局申請辦理使用執照變更，用途須為「幼兒園」。	
	12.檢送立案資料	申請人	壹、申請人請依申請立案應報資料一覽表【（民）表三】表列順序裝訂成冊，以利審核。 貳、所附之資料證件如為影本者，須加註「影本與正本相符，如有不實，願負法律責任」，並由所有權人、負責人（或董事長）蓋章。 參、應附證件、書表、表單、附件：（以下所有文件乙式二份，請一律使用A3或A4格式） 一、以負責人方式提出申請者：除指定負責人之履歷表、保證書、身分證影本、保證人身分證影本【（民）表一】外，尚須檢附四、之所有資料。 二、以董事會方式提出申請者：除以下資料外，尚須檢附四、之所有資料。 (一)董事會備案申報事項表【（民）表二】。 (二)董事會成立會議紀錄（請附正本）。 (三)董事會組織章程【（民）附件一】。 (四)受聘同意書【（民）附件二】（所有董事皆須檢附，請附正本）。 (五)身分證影本（所有董事皆須檢附）。 (六)學歷證件（教育董事應附）。 (七)服務經歷證明書（教育董事應附）。 (八)主管同意書（教育董事應附）（若屬已退休或離職者，應附退職令或離職證明）。 (九)董事相互間有配偶或三等親以內血親姻親之關係者未超過三分之一之切結書。	申請人免附土地與建物謄本，由本府利用地政電傳系統上網逕行查證並下載列印。

作業階段	作業流程	權責機關／人員	步驟說明	作業期限
立案前準備階段			三、以財團法人（經法院登記）方式提出申請者：除以下資料外，尚須檢附二、及四、之所有資料。 (一)法人捐助章程。 (二)法人登記證書。 (三)法人財產名下之財產證明影本。 (四)法人及董事印鑑清冊。 四、申請立案共同應附資料 (一)申請立案應報資料一覽表【（民）表三】。 (二)設園計畫表【（民）表四】。 (三)土地清冊【（民）表五】。 (四)園舍基地面積使用說明表【（民）表六】。 (五)幼兒園財產目錄清冊及設備一覽表【（民）表七】。 (六)園長及教職員名冊【（民）表八】。 (七)經費來源及經常預算表【（民）表九】。 (八)立案申請書【（民）附件三】。 (九)創辦人照片（正面、脫帽、半身、薄光面、黑白或彩色、一吋），請提供相同照片一式兩張。 (十)地籍圖謄本（須為最近二個月內，不得以影本代替）。 (十一)設園園址、園舍所有權證明或租用或借用三年以上經公證之契約：土地、建物所有權人若非創辦人或負責人者，應辦理租（借）用三年以上公證契約（請附正本）。公證契約上土地、建物（地段、地號、建號）租（借）範圍應列清楚，建物用途須註明「幼兒園」用，住家及營業均不符合規定。	

作業階段	作業流程	權責機關/人員	步驟說明	作業期限
立案前準備階段			(十二)土地持份所有人同意書：園舍之土地權利範圍不完整，請檢附該地其他土地權利範圍持份所有人同意書（請附正本）。 (十三)房屋使用執照存根影本（用途須登記「幼兒園」用者，有效期限為最近二個月內。請向工務局申請核發，不受理自行影印之影本）。 (十四)建築物若屬四層樓以上，應檢附四樓以上不使用切結書，倘經查有不符規定，願受法律處置。 (十五)園址若為公共設施保留地者，應立於徵收時無償無條件撤銷立案切結書【（民）附件四】。 (十六)使用執照工程設計圖說及依實際情況繪製園舍平面圖簡圖，並標明各主要部分之尺寸，以公尺為單位（含戶外供幼兒園使用場地範圍、面積）。每間教室應有兩個門且應接臨避難通道、淨面積30平方公尺以上、桌面照度350勒克司、黑板500勒克司以上。 (十七)幼兒園園則：包括兒童之人數、班級數、兒童入園出園之手續及免費名額等【（民）附件五】。 (十八)幼兒園基金存款證明（須為最近二個月內所開立，金額在新台幣三十萬元以上）：其屬財團法人者，以法人名義專戶儲存；非屬財團法人者，應以負責人，並列幼兒園名義專戶儲存。 (十九)園長專職切結書【（民）附件六】、園長服務經歷證明書、園長與教師之畢業證書影本、園長與教	

作業階段	作業流程	權責機關/人員	步驟說明	作業期限
			師之教師證書影本及園長與教師之身分證影本。 (二十)土地使用分區證明（區公所核發，不得以影本代替）。	
	13.審查	教育局	壹、利用地政電傳系統上網查證申請用地之土地、建物登記情形並下載列印。 貳、就申請人提出文件資料，審查時如遇非本局權責所判斷之業務，可會簽有關權責單位辦理（如：就公寓大廈申請設立案件，申請人所附土地持份所有人同意書或出具公寓大廈管理委員會同意書，如難以判斷是否合法，可會簽工務局辦理）。	教育局收件後七日內完成初核。
主管機關審核階段	14.現場會勘	教育局、消防局、衛生局、工務局	壹、由教育局排定日程，通知並會同會勘單位：消防局、衛生局、工務局至現場會勘。 貳、會勘項目（附件二） 　一、消防局（消防設備） 　　(一)消防安全設備檢修申報制度。 　　(二)防焰性能認證。 　　(三)審核核准之消防圖說。 　二、衛生局（衛生設備） 　　(一)廚房設施。 　　(二)飲食器具。 　　(三)洗手台。 　　(四)廁所。 　　(五)保健設備。 　　(六)門窗。 　　(七)照明設備。 　三、工務局 　　(一)建築物部分。 　　(二)使用園舍範圍。 　　(三)其他。 　四、教育局 　　(一)園址。 　　(二)面積。 　　(三)室外活動場地設備。	教育局初核通過後分會相關各局審查及排定會勘時間，於十四日內完成。

作業階段	作業流程	權責機關/人員	步驟說明	作業期限
主管機關審核階段			(四)教學設備。 　1.課桌椅。 　2.圖書設備。 　3.音樂器材。 　4.玩具教具。 　5.工作器材。 (五)寢室設備。 (六)教室（活動室）。 (七)視聽設備。	
	15.通知補正	教育局	會勘結果未符者，由教育局通知申請人改善場地（申請人應於期限二週內改善完妥）。	三日
	16.現場會勘	教育局、消防局、衛生局、工務局	壹、場地經申請人改善後，再次排定時間會請有關單位（教育局、消防局、衛生局、工務局）至現場會勘。 貳、會勘項目：參考附件二。	七日內排定會勘時間。
證書核發及建檔階段	17.核發立案證書	教育局	簽辦並核發立案證書。	會勘通過後，簽辦發證，於七日內完成。
	18.製作印信報府	申請人	由幼兒園製作印信（幼兒園印信規格）【（民）附件八】報府核備。	
	19.資料建檔	教育局秘書室	核准立案後資料建檔。	二日

三、公設民營之申請

　　政府為結合資源，鼓勵民間參與社會服務，採取服務多元主義觀點，由第一部門（政府部門），第二部門（私人興辦之營利事業），第三部門（由非營利組織，如財、社團法人等組織），以及第四部門的志願服務組織來參與社會事業的發展。過去傳統的兒童教保照顧服務可分為公立（辦）及私立（辦）之方式。近年來已發

展另一趨勢由政府運用現有資源，完成法定程序，以契約方式委託依法登記之財團法人或公益社團法人或符合規定條件之個人，辦理非營利之兒童教保機構，可分爲公設民營的幼兒園（過去隸屬社政之托兒所），以及委託民營幼兒園（過去隸屬教育系統之幼稚園）。

公設係指公有財產、設施，而民營則是委託民間單位辦理及提供服務。行政院經建會（1999）就對其字詞提出字義解釋：政府將其資產（或服務）委託民間（私人）經營管理之方式稱爲公設民營，相關字詞還有公辦民營、委託民營、公有民營及委託經營管理等。其服務性質可分爲兩種：公設民營及委託服務。

(一)公設民營

公設民營係指政府的資產，如土地、建物及設施設備等，而民營則是委託民間經營管理（辦理），提供服務，但政府可依法收取其權利金或回饋金，受託人應自負盈虧及負有保管財產與維護之責任。近年來，新北市政府在各鄉鎮釋放更多閒置土地及機構，鼓勵民間更多參與或承包採用公設民營方式，希望至2016年預計達到增加140班，4,200名額。公設民營之申請也有其一定程序（圖2-5），有關受委託者之注意事項請參考表2-2。

(二)委託服務

委託服務係指政府不提供土地及建物，僅委託民間提供服務。政府鼓勵民間參與社會服務之方式除了公設民營方式，還可以以委託服務、補助、獎助或決策分享（相對補助）之方式辦理。

由於政府單位擁有的資源極爲有限，因此，將來使用民間團體參與兒童教保服務的策略以提供福利或教保服務的多樣性，應該是

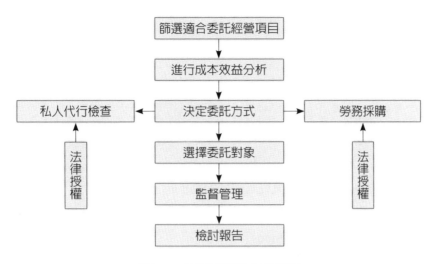

圖2-5　公設民營之申請程序

資料來源：陳素珍（2000）。

表2-2　受委託者應注意事項

一、應具備要件
　1.受委託項目符合其組織項目、組織（捐助）章程及業務項目。
　2.組織健全並依法令及章程規定定期召開會議者。
　3.接受委託工作計畫書業經董（理）事會議通過。
　4.依法處理財務並制度健全且經會計師簽證證明者，其審計委任書應約
　　定「政府審計人員得調閱其與委辦或補助計畫有關之查核工作底稿，
　　並得諮詢之」。
　5.具辦理委託工作之執行能力者。
二、申請接受委託辦理時應備下列文件
　1.法人簡介（※新北市委託民營幼稚園之申請則准許具有研擬及推動受
　　託辦理幼稚園事項能力，並有興辦幼稚園之資產能力且財務個人）。
　2.主管機關核准設立（立案）證明文件影本。
　3.法人登記證書影本。
　4.捐助（組織）章程。
　5.現任董（理）、監事及工作人員名冊。
　6.最近二年報請主管機關核備之預決算書表及經會計師簽證之財務報告。
　7.經董（理）事會議通過之接受委託工作計畫書及其紀錄。
　8.委託者依委託工作需要所定之其他相關應備文件。

資料來源：陳素珍（2000）。

可以採行的辦法。在考慮民間團體參與兒童教保服務時，應準備下列的工作（謝美娥，1991）：

1.評估教保服務需求的優先順序。
2.對現有教保服務資源與措施的調查。
3.私立機構的財務管理與資訊系統是否完備。
4.私立機構是否要在組織功能上調整。
5.決定民間團體參與兒童教保服務的形式。
6.價格的決定。
7.設立限制（regulations）。
8.訓練政府行政部門的工作人員。

檢證歷年來內政部辦理獎助情形，發現內政部在嘗試拓廣政府與民間協調合作辦理兒童教保的方式上，包含下列幾種方式（郭靜晃，2009）：

1.委託方式：兒童家庭寄養、辦理社會工作員研習（討）會等都是採用委託方式。
2.補助方式：補助成立兒童館、親子館及青少年福利服務中心、兒童課後收托、親子活動等皆屬之；透過經費補助方式，提高社會資源參與的興趣及服務品質。
3.獎助方式：給予全額經費或大部分經費，進行專案式的協助，並進行創新業務的試驗，於年度執行完竣後，私託專人組成評鑑小組實地考評及檢討。
4.公設民營方式：由政府全額補助房舍建築及內部所需設備器材，交由民間負責管理經營。
5.決策分享（相對補助）方式：內政部當前推動全國性基金會聯合會報工作方式屬之。全國性基金會聯合會執以基金孳息

來推動福利工作，內政部則提供與該孳息同額之相對補助，在充裕經費中並肩，在決策分享中擴大服務層面。縣市政府為強化社會福利服務功能，拓廣服務範圍而須增聘社會工作員員額，便可在此方式下使政府與民眾兩相獲利。民眾能因社會工作員的增加得到質量兼顧的專業服務，而地方政府則在增聘兩名社會工作員而由中央補助乙名人事費的配額，減輕了地方財政上的負擔。

　　上述委託方式，除了在公設民營有其法源依據之外，其餘各種方式政府在選擇對象時，應達到公正、公開及公平原則，並且對於委託經營單位之經營效率及交易條件也必須加以管制監督，以防市場獨占或利益輸送之情形。

參考文獻

行政院經建會（1999）。《政府業務委託民間辦理作業手冊》。台北：
　　行政院經濟建設委員會。

吳清山（1991）。《學校行政》。台北：心理出版社。

沈俊賢（1992）。《兒童福利體系組織績效分析模型之研究——以我國
　　為例探討》。中國文化大學兒童福利研究所碩士論文。

張潤書（1986）。《行政學》。台北：三民書局。

郭靜晃（2009）。《兒童福利》（第二版）。台北：揚智文化。

陳素珍（2000）。〈幼稚園與托兒所的規劃與立案程序〉。輯於蔡春
　　美、張翠娥、陳素珍著。《幼教機構行政管理》。台北：心理。

新北市政府（2012）。http:/kidedu.ntpc.edu.tw/files/16-1000-

蔡春美（2007）。〈導論〉。輯於蔡春美、張翠娥、陳素珍著。《幼教
　　機構行政管理：幼稚園與托兒所實務》（第三版），頁39-40。

謝美娥（1991）。〈美國社會福利的私有化爭議〉。《國立政治大學學
　　報》，第62期，頁137-153。

第三章

兒童教保機構環境規劃

- 地點規劃
- 組織物理空間
- 室内、戶外空間規劃

　　一個優質的兒童教保機構取決於三個P：硬體環境及規劃（physical plant）、課程規劃（plan of curriculum）及人事管理（personnel management）。幼兒教育相關研究業已證實幼兒的物理環境會影響幼兒的行為，例如機構所添置的設備、空間密度、環境布置、活動動線、角落布置多寡等會對幼兒的社會行為、注意力皆有關係。所以組織幼兒物理空間以及善用物理空間，支援教學方案之設計成為有意義的遊戲與學習活動，是幼兒園行政主管不可忽視的議題。教保機構的空間規劃應屬於行政主管、教師及幼兒，一切精細的考量，如天花板高度、是否掛懸吊物、改善燈光，或作空間區隔成為角落，設計展示牆或粉刷皆可以改變物理空間的性質。照顧者也應思考如何藉由空間規劃來提供最佳的學習活動，如果希望幼兒在同一時間做同類的活動，那麼比起個人或小組活動，空間設計就顯得不重要。如果是個人化的課程，那教室或活動空間的布置與規劃就很重要，如此一來，幼兒才能獨自操作而不須教師持續監督，而他們也不會干擾彼此相互間的互動。

第一節　地點規劃

　　選擇適當的園址，除了法令規定（如山地、偏遠、原住民地區因本身場合有其立案申請困難者，可透過專案報請中央主管機關同意始得辦理），在選擇上須考量不少因素，尤其新設立園所更須儘量迎合環境之要求。當然，兒童照顧機構之地點規劃最重要是迎合地點的可接近性（accessibility），如園所附近的居家人數（尤其可能的幼兒人數），以及交通便利性和日後的社區發展潛力。此外，大環境的整體考量（如噪音、空氣、不良場所是否林立），以及陽光、通風和是否有戶外空間支援（尤其在都會地區）。至於園所面

積則依私人之財力，最重要要符合法規之規定，例如室內面積平均每名兒童需適合至少1.5平方公尺以上，戶外至少須為2平方公尺為原則；最低總面積室內幼兒園為60平方公尺，托嬰為50平方公尺，戶外幼兒園為80平方公尺，托嬰為50平方公尺，總共在機構上托嬰為100平方公尺，托嬰中心為140平方公尺。戶外環境最好能配合室外環境的延伸，以喚起或提供幼兒的好奇心及學習經驗。

地點的選擇除了地點座落的整體觀，最重要還是以考量環境對幼兒的健康之影響，如通風、空氣及光線等問題；再來是孩子交通動線是否方便、安全之原則；最後要考量的是地點是否有發展、調整的彈性。

第二節　組織物理空間

室內空間的要求基本上通常由法規規定、托嬰中心有托嬰中心設置辦法，幼兒園有幼稚園設備標準（日後會改為幼兒園設備標準），課後照顧班依課後托育中心設置辦法，日後教育部會再修訂。美國的幼教專業人員建議每個孩童應擁有100平方呎大的空間，以及50-200平方呎的戶外空間（郭靜晃、陳正乾，1998）。Ladd及Coleman（1993）的研究證實太狹小的空間會影響幼兒的社會互動；室內空間宜光線充足、通風良好，水源也要方便取用，最好室內與戶外空間能有連接。

張翠娥（2007）依其經驗及觀察整理出幼兒機構之環境設計與幼兒行為反應是具相關的，其環境之特性有空間密度、隔間、動線、隱密度、取用性及柔軟度，而孩子之行為反應對其社會、情緒之反應有所不同（**表3-1**）。

表3-1　環境設計與幼兒行為反應表

	環境設計	幼兒行為反應
空間密度	1.每位幼兒室內活動空間不宜少於2平方公尺。	1.若人數維持不變空間縮小（空間密度）時，會使學生的不滿意度及侵略行為增加，並且降低學生的注意力。 2.若空間不變，人數增加時（社會密度），會導致幼兒想像性遊戲及注視行為的增加。
適度的隔間或劃定界限	2.提供家長休息室，並藉靜態活動區和遊戲場分開，使家長可以仔細觀察兒童行為。 3.分割活動室成較小的學習區域，且容易讓幼兒辨識。 4.遊戲場應設不同的活動區域，並加強對園所內各角落的利用，以形成靜態活動。 5.活動場應設置各種大小的活動分區，以供應大小不同的活動團體。	3.家長的來訪容易引起兒童情緒上的興奮。 4.在分隔的學習區中，幼兒會以較安靜的方式參與工作及進行互動，亦能增加幼兒與設備間的互動。 5.兒童在遊戲場除進行動態活動外，亦有部分兒童進行靜態遊戲。 6.兒童的活動形態常是大團體與小團體雜在一起。
動線的流暢性	6.服務部門採不同的出入口和道路，或另設停車空間，以減少意外事件發生。 7.活動室的動線規劃宜注意流暢性，並保持三分之一以上的剩餘空間。	7.服務性車輛和空間常是幼兒躲藏、追逐的好場所。 8.在左述的環境中，幼兒語言的表現多於身體動作的表現。且在身體及語言的表現中，促進成長的行為多於抑制成長的行為。
隱密處的提供	8.在活動室中提供一些隱密的角落。 9.善加利用教室周圍的角落，但要注意安全性。	9.幼兒在可以獨立遊戲且隱密性的區域活動時，合作性行為增加，且較能安靜地進行活動。 10.幼兒喜歡在各屋角處遊戲。
取用性	10.將經常使用的教材教具放在幼兒容易取用的地方。	11.方便取用的教材教具使用率較高，且幼兒互動的行為較多。
柔軟度	11.提供柔軟度高的物理環境，如地毯、座墊、明亮的色彩等。	12.柔軟度高的環境予幼兒一種親切、溫暖、像家的感覺。

資料來源：張翠娥（2007），頁113。

　　由於機構特性及學生團體富於多樣性，所以要建議規劃的理想物理環境，實不容易，基本上，環境規劃與整體環境、經營者之理念、活動性質有關，最重要是活動區域必須要充分區隔，才不致於影響兒童的遊戲與活動操作，此外，物理和視覺以及吵雜與安靜的活動才能加以區隔。

一、物理環境分析五要素

　　Elizabeth Jones（1979）曾提出可用來分析物理環境的五項要素，它們可被用來計畫物理設施以及選擇課桌椅和設備。這些要素是：

1.軟—硬。
2.開放—封閉。
3.簡易—複雜。
4.侵占性—隔離性。
5.高機動性—低機動性。

　　軟性區域即兒童可以放鬆閱讀、聆聽、交談或安靜玩耍的場所。我們可以提供一小塊地毯、幾個枕頭、一個填充動物、一張沙發椅或搖椅，甚至加裝窗簾。房間的其他區域則以硬物為主。硬質的地板和桌面有助於方便清理雜亂的教材，且可以禁得起兒童操作過程中的磨損。在戶外，草地是軟的，而鋪石子的地面則是硬的。
　　大多數幼兒的教室是相當開放的。教室允許將教材置於方便取得的開放式書架上，不過老師也會將某些物品放在遠離兒童的封閉區。同時也要給兒童開放式教材和封閉式教材。封閉式教材，像圖畫拼圖，在零星的圖片之間只有受限的目標和模式；而開放式教材，像黏土，則在目標和模式上提供無限的選擇。此外，簡單和複

雜的學習材料也都應該提供給學童。簡易的教材有一個明確用途且無附屬部分；複雜教材則用於操作性和即興而作的活動中，它有許多附帶部分。

教室裡有些區域應被隔開，闢成舒適的場所以及作為有些必須和團體喧鬧活動隔離的場地。其他地區則應鼓勵教師和兒童的「侵占」，像是老師短暫地參與戲劇表演的活動。當教室活動鼓勵大與小程度的運動時，教室布置也應具備高和低的機動性。當空間被物理限制所圍時（例如地毯或課桌椅的擺設），則安靜地坐著討論是適當的；同樣地，大又開放的空間則適合機動性大的活動。不同活動所要求的走道和機動性應依照目的加以研析。

理想中，室內場地設計應輔助彈性的教育課程。在可能的地方裝設音響器材；地板可鋪上地毯或覆以有彈性的地磚；牆壁可塗以活潑但不突兀的顏色，且應提供充分的展示區，包括布告欄及黑板；在窗邊裝上窗簾或百葉窗可減低強光，並於必要時使房間全暗；擺放飲水機以及裝設活動用或清潔目的的水槽，可減少兒童往返走廊的次數；洗手間應毗鄰或接近教室。

教室也應有足夠的儲物櫃和裝鎖的收藏櫃，以保管孩童的外套、靴子、額外的衣物以及個人財物，或配合教師的需求使用。此外，應提供較大且不同的儲物空間來擺放教材和設備。另外，有大

◀適當的教室空間設計與布置，提供幼童良好的學習環境

輪子的玩具、紙張以及繪畫教具都需要不同的儲藏設備。

　　幼兒在課室的活動常會有主題及輔助教材來輔助孩童的學習，此種空間的區隔稱爲角落或中心（activity center），又可稱學習角落（中心）、興趣角落（中心）、主題角落（中心）。每個角落都應被設計成以兒童興趣爲基礎並提供有價值的學習活動。老師所提供的活動也應反映兒童的發展程度、經驗背景，讓兒童藉由玩物操作、建構、擔任不同角色，依自己的步調來達到學習經驗的獲得。

二、幼兒園的主題角落

　　幼兒園的角落可以設計或規劃成主題，以下即是幼兒園常見的主題角落（郭靜晃、陳正乾，1998），分述如下：

1. 戲劇表演角落：此角落包含關於不同主題的活動，包括家政、商店、餐廳或其他反映兒童社會生活的活動。當演出家庭劇時，活動應反映每個家庭成員的特色。戲劇表演角落可能包含傳統家務的主題或提供其他關於成人及社區生活不同層面的主題。Bender（1971）建議在收集戲劇表演的材料置於「小道具箱」內，每一個箱子配合一個主題。用在汽車修理劇的小道具箱將包括被丟棄但已清洗過的汽車零件、工具以及其他材料。老師也可以設計一個露營道具箱、美容師道具箱或其他不同的道具箱。

2. 積木角落：積木角落提供給兒童建造房屋、商店、學校和運輸系統的機會。加入小道具可加強遊戲效果，如：紅綠燈控制汽車的行進，農場動物和人物的玩具有助於模擬農場實境，而玩具飛機亦可讓飛機場的建造更具眞實性。

3. 拼圖及遊戲角落：拼圖及遊戲應該要分成不同的難度等級，如此兒童才能選擇其所能順利完成的項目。拼圖靠的是組合

◀積木角落

顏色及形狀。遊戲可包括坊間及老師所設計的遊戲項目，只要適合兒童的興趣及技能程度即可。

4.圖書角落：此角落應設於教室的靜僻處，遠離人來人往的通行要道。書本應展示出來以便兒童可以容易選擇他們想看的書。展示書可與當天研讀的主題相關連。地毯或毛毯以及軟墊椅子或枕頭，加上圖畫和插花，能使兒童覺得舒適又吸引人。

5.數學角落：此角落應包括讓兒童專心解決數學問題的教材。計數器、幾何板、量杯以及比較用的圖形。假設問題讓兒童解答的「習作」也可以被納入。例如使用天平的習作題可以設計成「幾個核桃和一個蘋果一樣重？把數目字寫下來」。

6.科學角落：此角落讓兒童從事簡單的實驗、觀察自然現象或照顧寵物。也可以提供將自然環境中的物體做分類的遊戲，例如種子、貝殼、葉子、昆蟲或食物。

7.玩沙和水角落：這兩個角落適合在戶外，但如果放置桌子的地區其地板材質適宜的話，也可以設在室內。

8.視聽角落：此角落應準備視聽設備。如果可準備耳機的話，聽CD時便較不會受班上其他學童的干擾。市面上及老師自製

的故事及音樂帶若配以書本，可鼓勵孩子聆聽並與所聽事物產生互動。

9. 音樂角落：本角落應包括簡單的樂器及其他可被用來製造聲音的教材。沙磚、鼓或鈴，有助於學生發展對聲音和韻律的欣賞。

10. 美術角落：基本的材料包括畫架、大桌子、顏料、紙、漿糊、黏土等，且應具備一個適當、寬廣的儲存空間。兒童要能方便取用材料且能獨自收好和清洗。

11. 木工角落：此角落應包含一張重木桌或工作台，一些8-10盎司重的榔頭、小鑽子、斜接木片、弓鋸或短的橫式鋸、C型夾鉗、軟木以及普通釘子。此角落應設在隨時可察看的地方。

12. 玩偶角落：簡單的舞台，以及數個坊間、老師和兒童所製作的玩偶，即可訓練兒童的創造力及語言發展。玩偶角落可依孩童的使用需要而定期設置。

13. 體育角落：平衡木、跳房子的厚墊、呼拉圈、跳繩、沙包遊戲以及球類都是可用的器材。如果教室沒有足夠的空間，則其他的室內場地，像多功能室、內庭露台或操場都可以加以挪用。

體育角落 ▶

81

14.烹飪角落：此角落也可以在需要時暫時設置，讓孩童自己做點心並從事特殊的烹飪項目。本角落應準備一張矮桌，在那裡兒童可準備營養的食物並放置需要的用具。

　　設計周詳並提供許多學習事物給兒童的活動中心，防止了兒童違反常規，並讓教師瞭解孩子是獨特的個體。兒童應要能夠從不同的活動中挑選且從事他們所希望從事的活動。兒童必須經由第一手經驗學習，因為對其而言是最自然的方式。日進度表應提供一大段時間（三十分鐘至一小時）來做中心活動。設備和教具應分門別類，這樣孩子們不須大人幫忙就可取用，並在用完後物歸原位。

　　活動角落必須要均衡安排。在教室裡設置活動中心時，老師應將發出噪音的區域和安靜的區域分隔開。如果音樂中心設在圖書中心旁邊而孩童又在玩樂器的話，那麼在圖書中心的孩童便很難專心。此外，美術中心應該鄰近有水的區域，以避免從教室這頭滴水滴到另一頭。如果教室中取水不便，那麼美術中心應靠近門，因為教室這部分最靠近水源。**圖3-1**是活動中心的圖示（國外常用，需要較大的室內空間）。

　　下列建議將有助於老師計畫和組織活動中心：

1.雖然在活動期間兒童可從事自我選擇的活動，但老師仍要設計將一些孩子導入學習活動的活動中心並教授觀念給兒童。
2.教師的計畫以及教室布置應考慮兒童的肌肉發展和協調、社會成熟度、語言技巧、興趣以及需要。
3.應提供充足的空間、時間和設備在連續的遊戲上。透過遊戲活動的參與，兒童可體驗與其他同年齡的孩子產生社會關係。他們應該要有機會發展體能和智力、語言練習以及批判思考。計畫周詳的活動提供具體和感官上不同的學習經驗。
4.每天在活動角落的時間都應獲得許多的學習經驗。兒童應能

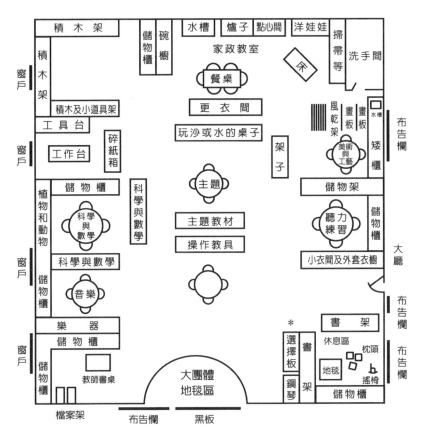

＊選擇板：標示兒童所處之中心位置

圖3-1　幼兒教室平面圖

資料來源：Spodek, B., Saracho, O. N. & Davis, D. (1991). *Foundations of Early Childhood Education* (2nd ed.), Boston: Allyn & Bacon.

夠依照自己的興趣及專注力的長短而自由地變換活動。

5.活動期間應均衡安排靜態與動態活動，以及個人與團體活動。老師應準備戲劇表演、積木遊戲、配合操作性教材的科學與數學學習，以及從事創造性的藝術活動。通常，老師也會準備音樂和閱讀的活動。兒童不應只被限制在當天預設的

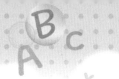

▲透過各種遊戲、活動，啟發兒童學習的興趣

　　經驗中，那些經驗只有一開始時有意義，好比引導兒童參與的誘因。老師們應掌握兒童自發性的學習機會予以回應。

6.活動期間教師應陪伴在兒童旁邊。兒童的遊戲透露了興趣、能力以及需要。有時老師的參與、提升遊戲潛力或促進遊戲的進行是恰當的。有時老師會在遊戲中插上一腳；也許老師引導的話有助於兒童向自我紀律發展，也或許老師會瞭解兒童的需求而提供新的遊戲教材。許多活動（如木工）基於安全考量，需要大人在旁監督。

第三節　室內、戶外空間規劃

一、室內空間規劃

　　幼兒園空間組織化，配合課程需要，加上孩子發展特性以形成教學的最大資源。除了法令所規定的基本空間配備，如幼兒的活動室、廁所、洗手台、保健室、教保人員辦公室、園長室，其規劃之

原則有：

(一)教學相關之規則

1. 安全原則：除了成本考量外，幼兒常有不經意的動作，因此在設備選材考量外，還要注意孩子可能的動線，動線規劃除了有兩個基本出入口外，更要注意有流暢的空間及動線規劃。
2. 空間區隔：可視教學需要，利用家具或屏障來區分不同的角落與學習區，各學習區要有足夠的空間，而且學習區要彼此支援。
3. 光線與空間：光線要充足，也可使用設備的色彩來加強室內的明亮度。空間要適合，至少每人2平方公尺，以及空間的規劃及動線。
4. 使用彈性：設備與教具要具使用彈性，更要符合孩子的安全需求，最重要的是設備要能引起孩子的學習興趣，以助課程之推展。

Walling（1977）的個案研究建議幼兒園室內空間規劃原則，包括有：

1. 如果希望降低跑及粗野嬉鬧的遊戲，可以用分隔物或家具把廣大的開放空間阻隔起來。
2. 將有衝突的角落分開，例如，吵鬧的（如音樂角）及安靜的（如圖書角）角落分開來；將互補的角落（如娃娃家及積木角）放在一起。
3. 畫出教室內清楚的動線。
4. 運用分隔物及家具將不同的遊戲角落清楚地劃分範圍。
5. 使用物理提示（如家具、書架、圖表架、畫架、水族箱）及

表徵提示（如相片、海報、動態藝術品、文字）清楚地定義或描繪不同之遊戲角落。

6.將需要用水的角落（如美勞角）水箱靠在有水資源的附近。

7.將可能髒亂的角落（如美勞角、點心角等）放在有磁磚的地板，將需要溫暖（團體討論時間）或會造成吵鬧的積木角鋪地毯。

(二)非教學相關之規劃

非教學相關的室內空間，如生活與互動的必要空間。

1.出入口：出入口應有安全的門衛，加上有足夠的空間讓家長迎送，如果有娃娃車接送，更要注意其動線。有研究指出，幼兒最常發生安全事故是在上、下學時，尤其在校園之出入口。

2.走廊通道：走廊通路要預防幼兒跌倒，所以止滑措施就很重要，此外，幼兒洗手台、展示區也不能設置在孩子日常交通必經之走廊通道。

3.幼兒櫥櫃：幼兒櫥櫃最好設置在教室中，以利孩子放置衣物或作品，每個人有專屬櫥櫃又有識別標誌，以助孩子有歸屬及所有權概念。

4.幼兒盥洗室：其洗手台與馬桶之數量最好為1：8，最少也要迎合1：10。

5.園所長及教保員辦公室：園所老師或教保員需要有一舒適及獨立空間，以供他們放鬆及處理教保服務的空間。如果可以，能提供會議室，可供幼保人員討論或與家長開親師座談的場所。園所長除了有其獨立空間、辦公桌或處理所務的地方，最好可有家長接待室，以方便接待家長。

6.保健室：園所保健室除了擺放簡單處理事故的保健醫療箱外，亦要提供一小床以供孩童休息或隔離之需求。

二、戶外空間規劃

　　戶外空間是園所的後花園，更是幼兒大動作發展的鍛鍊場所。除了成本考量，至少要符合法令規定。在國外，基於先天獨厚的地理環境，其戶外空間也較大，一般幼兒園的空間設計大約有三種：傳統式遊戲場、現代化遊戲場及冒險性遊戲場，分述如下：

(一) 戶外空間規劃類型

◆傳統式遊戲場

　　傳統式遊戲場（traditional playgrounds）通常鋪著土壤、瀝青、草地，並具有廣大的開放場地，其設施常是零星地散布在場地上（泥土）的鐵製器材，典型有攀爬架、單槓、鞦韆、滑梯、蹺蹺板或旋轉木馬，通常周圍都以鐵籬圍著，大部分國小皆屬於此類設計。這種設計不需要太多的保養，主要提供孩童大肌肉活動，因為其不需太多的保養，使用方便，因此大部分國小或幼兒園最常使用此種方式來設計兒童的戶外空間。

　　從兒童的觀點，這種設計會使他們感覺枯燥乏味，玩的時間不長，而且只鼓勵作大肌肉活動，但是此種遊戲場造成孩子的事故傷害最多，主要原因是因堅硬的地表及金屬設施。由此低使用率、低層次的遊戲加上高事故的傷害率，導致社會對傳統式遊戲場愈來愈有批判聲浪，因此也刺激了現代化及冒險性遊戲場的發展。

◆現代化遊戲場

　　現代化遊戲場（contemporary playgrounds）通常又稱為創造性

▲現代化遊戲場

或有規劃的遊戲場（creative playgrounds），此種戶外空間提供孩子更多樣化的遊戲設施（**圖3-2**、**圖3-3**）。

　　現代化遊戲場是由木材或經過挑選的金屬物件所組成的，通常這些遊戲設施包括木造攀爬台、圍起來供扮演遊戲的場地、梯架、輪胎陣、吊橋、滑輪纜繩、輪胎盪鞦韆、平衡木、隧道以及溜滑梯等，這些設施並非像傳統式遊戲場上的設施般是各自獨立和散布的，而是集中擺設，通常區分為三個區域：(1)堅固的地面或柏油地面，專供三輪車、四輪車及其他有輪子的遊戲器具行駛；(2)在遊戲設施底下或四周都鋪有沙土及木屑的柔軟區域；(3)有草地可供孩子遊玩或坐的區域（Wardle, 1997a）。沙箱、小池塘及花園通常也會被包括在內，以展示一些自然的生物，讓孩子探索。**圖3-2**及**圖3-3**即列出了結合這些設施的現代化遊戲場。有一點值得提醒的是，現代化遊戲場種類很多，並不一定都含有以上所列的各種設施（有時會有註冊的規定），雖然有些設備沒有，但現代化遊戲場仍比傳統式遊戲場提供更多樣化的遊戲經驗給孩子。

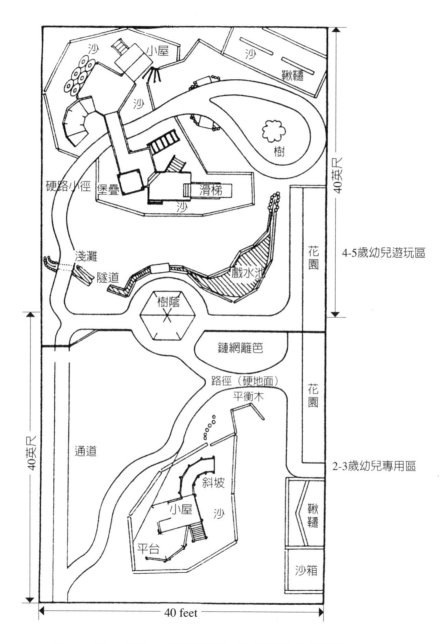

圖3-2　將2-3歲及4-5歲幼兒遊玩分區的現代化遊戲場

資料來源：吳幸玲、郭靜晃（2005），頁482。

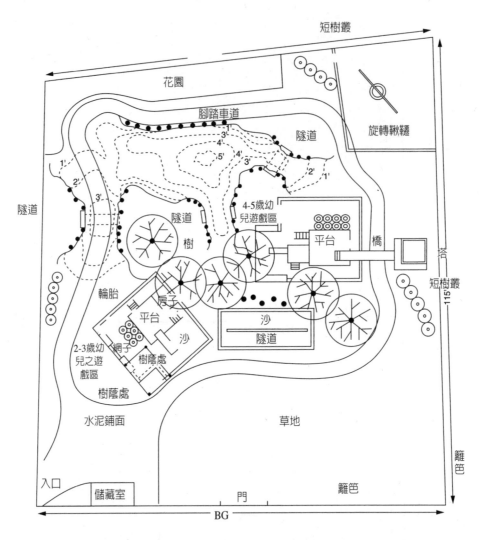

圖3-3 將2-3歲及4-5歲幼兒遊玩分區之創造性／現代化遊戲場

資料來源：吳幸玲、郭靜晃（2005），頁483。

◆冒險性遊戲場

　　冒險性遊戲場是利用自然的環境及各式各樣的廢棄物所規劃而成的，此種遊戲場源自丹麥，並於二次大戰後受到英國各界的歡迎，突破城市的阻礙，利用各種廢棄物找到理想場地，漸漸地此種遊戲場也推廣到美國。

　　此種遊戲場基本沒有固定設施與設備，除了儲物架及儲藏室外，大部分的設施皆是臨時的，並由孩子自由建構，拆除再重建。孩子會以自然界的物品，如泥土、池塘、樹、花園、消防設施及棲息在此地區的小生物，加上建構材料，如木材、條板、繩索、纜繩軸、輪胎、鐵鏈、鋸子、釘子及其他工具，來進行野炊、拆解、建造、挖掘等行為。此種遊戲場至少要有一個成人（教練或遊戲指導員）來監督遊戲的進行，指導及督導安全，在台灣的童軍營地就是類似此種設計。

(二) 戶外空間規劃原則

　　設計良好的戶外空間（遊戲場）可增加兒童遊戲的強度，以及鼓勵大範圍的遊戲行為，如身體遊戲、社會遊戲、建構遊戲及規則性遊戲。Wardle（1997b）的文章就提及設計戶外空間及設備材料的參考原則：

◆表面

　　遊戲場的表面應該具有如下的特徵，來提增安全及不同形式的遊戲：

1.平坦、草地或泥土區：快速移動的活動，例如，跑、追逐及警察抓小偷的遊戲，需要一大片開放空間及相當柔軟的表面以防止跌倒。大的、開放的草地空間最為理想。開放的泥土

區可以提供肢體動作的遊戲空間，但是孩子跌倒或在跑時可能造成意外傷害。如果不能用草地，體操墊可以放在一些既定的區域來讓孩子有一些柔軟空間能滾、翻、跳。

2.堅硬表面區：腳踏車、拖車及三輪車可以在水泥及瀝青表面上快速移動。兒童可以在這些路上學會交通標誌。此堅硬表面也可以讓小朋友當人行步道、玩球、騎車或玩美勞活動。

3.墜落區域：在所有可以跳躍、墜落設備的地上鋪上柔軟的表面（如沙、木屑、木頭纖維、枯樹葉、小細碎石、橡膠墊等），這些柔軟表面至少要有6呎寬，盪鞦韆、溜滑梯要更寬。

◆遊戲區域與設備

遊戲場應有各式各樣的設備及區域以提升兒童不同種類之遊戲行為：

1.身體遊戲：
　(1)攀爬架，例如用繩子和輪胎網、梯子、階級、單槓，及輪胎製成的鞦韆。

▲戶外遊戲區，各式遊樂設備，增進兒童之體能發展

(2)平衡區，例如平衡木和放在地上的椿柱與車輪胎。

(3)抓握設備，例如鞦韆鏈、階梯環、欄杆扶手，以及沙箱任何可以抓握的玩物。

(4)爬行區，例如隧道及涵洞。

(5)推拉物，例如鞦韆、三輪車、手拖車、有輪子的沙箱玩具等。

(6)挖掘區，例如沙箱。

(7)跳躍設備，例如環繞沙及低平台的平衡木及有柔軟物地表的平台。

2.社會遊戲：

(1)可鼓勵需要兩人或兩人以上兒童一起玩的設備，如三輪車、大拖車、球、跳躍、沙箱、旋轉鞦韆、傳統鞦韆及大木製的箱子（可作裝扮遊戲用）。

(2)可鼓勵兒童聚集談天的平台及安靜的區域。

3.建構遊戲：

(1)沙箱及玩沙玩物，如鏟子、水桶及耙子。

(2)木工角，如木工桌、工具、木材及促進固著物（釘子、螺釘及螺絲）。

(3)彈性玩物，如輪胎、木箱或塑膠箱子、大型木製或塑膠積木、木板及電線輪軸。

(4)美勞活動，包括在走道上的空間用水彩、畫圖、做黏土、手工藝及用粉筆畫走道。

(5)園藝角包括園藝工具及種子。

4.戲劇遊戲：

(1)可以用來當作房子、船、飛機、學校、商店或醫院的建築物或籬笆。

(2)可以從教室帶出來玩的道具（可攜帶型），以及最好放在

戶外的道具（例如木工的工具，可以儲放在戶外的儲藏室）。

5.規則性遊戲：

(1)球、跳繩及其他可以玩規則性遊戲的設備。

(2)可以玩規則性遊戲的硬表面（如打球或跳房子）。

(3)用來塗鴉或畫畫的粉筆。

◆玩物

　　現代化遊戲場是由抗壓松木、紅木、壓層三夾板、聚乙烯塑膠、上漆或外表包皮的金屬、環保塑膠、纖維玻璃或上述材料的混合。

　　玩物與顏色有關嗎？有些孩子喜歡綠色，有些則喜歡粉紅色。兒童主要受某一設備可以用來做什麼（如何玩）所吸引。假使有一個孩子喜歡棕色，而他玩的設施並不是棕色的，那他很快會被這玩物的遊戲及如何玩所吸引，並取代原先的興趣，所以這個問題對成人會有影響，但對兒童卻不會（Wardle, 1997b）。

◆安全

　　因為高頻率的意外事件及訴訟的威脅，安全已變成設計戶外遊戲場的最高指導原則。除了州定的執照要求（各州不同），對於遊戲場之設計並沒有統一聯邦的安全約束。美國消費者產品安全協會（The Consumer Product Safety Commission, CPSC）及美國材料檢驗協會（The American Society for Testing and Materials, ASTM）提供一些指引給許多方案及頒發執照的部門，而且這些指引也是製造廠商奉行不悖的。

　　下列遊戲場之安全指引是由CPSC及ASTM所頒訂的，主要是依一歲半至十二歲之兒童來加以規劃與考量：

1. 在所有設備下面提供柔軟的表面。墜落區要以六呎為標準（滑梯及鞦韆要更寬）。

2. 防止設施會夾到手。

3. 注意一些有開口的設施（如環、網、窗戶、階梯、欄杆等），其開口應有三吋半至九吋之間，以避免可能夾到頭而窒息。

4. 注意設施邊緣的尖銳度，不能低於55度，太尖銳會割到兒童身體。

5. 所有S狀的突出鉤要做隱藏式處理。

6. 鞦韆的材料要輕，以輪胎、木製最好，避免用金屬、重木頭或硬塑膠製成品。

7. 在任何鞦韆區域不要同時使用兩個以上鞦韆。

8. 所有的滑梯必須要有四邊，底端的角度要與地面平行。

9. 每一設施避免有突出狀，如螺絲、金屬片、小管或螺栓等，尤其是進入滑梯的地方。

10. 所有的角架儘量低於水平面。

11. 除了出入口，不然超過地面2呎以上的表面宜設欄杆。

12. 不要使用電纜、電線或繩子來拴住設施或樹。如果使用繩子，兩端必須要牢牢拴住，以防勒到小朋友。

13. 不要在炎熱氣候區域使用金屬製的滑梯。

14. 在交通區設有足夠的安全區域，以防兒童衝撞。

15. 鞦韆必須要牢牢拴在設施上，例如平台。

16. 兒童遊戲場只限兒童使用，太小的年紀會有危險，太大的年紀因設備不適用，也會造成受傷。

17. 隨時維修。

當成人愈加重視遊戲安全，兒童會花更多的時間在設計良好的

遊戲場玩（Rivkin, 1995）。我們建議任何遊戲場必須要有遮蔭的結構體、樹蔭來減少孩子暴露過多日曬造成皮膚癌。孩子應避免於早上十一時至下午二時在戶外遊戲，如果皮膚更敏感的兒童則避免於早上十時至下午三時之間在戶外遊戲。

◆監督

遊戲場安全主要的因素在於是否有成人監督。CPSC曾對美國54座遊戲場之意外做深度調查，結果發現：當成人在場監督時，意外發生率只有4／54（Frost, 1992）。在美國幼兒教育協會（NAEYC）在1996年出版的小冊子《如何讓戶外遊戲與學習更安全》（*Keeping Outdoor Learning Safe*）就強調成人監督的需要性：

> 遊戲區應由成人監督來做一級預防及做緊急意外處理。成人的責任在於孩子進入遊戲前篩檢設備、門欄及地面，例如，流浪動物、破碎物或其他危險物。成人必須設定合理、適宜的遊戲規則來讓孩子遵循，例如，在滑梯上要坐下、在攀爬架上要穿球鞋。

除了安檢設備及設定基本規則外，大人還要讓小朋友和平地玩、避免吵架或欺凌（bullying）行為（Rivkin, 1995）。如果不幸有上列行為發生，這也是一個機會教育（teaching for moment），要與孩子討論如何解決問題：和平、高興地玩。此外，要幫助孩子學習分辨無害的狂野嬉鬧遊戲與會使兒童受到傷害的真實攻擊行為之間的區別。

研究指出，有時老師也難於區辨此兩種行為之不同，甚至高估學校遊戲場之攻擊行為（有時，只是孩子玩較野的狂野嬉鬧遊戲）（Schaefer & Smith, 1996）。結果，有些老師浪費時間及努力在阻止無害的狂野嬉鬧遊戲（對孩子社會行為有所助益）（Pellegrini,

1995）。

　　有關孩子遊戲中之欺凌及受害現象已漸漸受成人注意（Smith & Thompson, 1991）。這種不幸的結果可能是：(1)兒童具欺凌他人、攻擊傾向及缺乏社會技巧；(2)受害者非自我肯定的行為。成人有效的監督遊戲可以減少兒童攻擊或受害之問題發生。挪威第二大城Bergen的研究發現，老師休息的密度與孩子攻擊事件呈負相關（－.45）（Olweus, 1993）。由於這個研究，挪威學校的老師發展一抗兒童欺凌行為的計畫，其步驟如下：

1.對有關欺凌的行為，訂定清楚的規則。
2.老師與欺凌者、受害者及其家長一起討論。
3.使用團體過程策略（group-process strategies），例如，班級討論、角色扮演及衝突解決方法，讓整個學校一起共同參與解決中止欺凌行為。
4.分派一些中立、行為良好的學生給予受欺凌者支持。
5.教導受欺凌者在班級使用自我肯定之社交技巧。

　　這個方案對於中止及減少欺凌／受害之問題很有效用。

　　遊戲場之監督者也需要有時不要介入兒童的遊戲。Frost（1992）提醒我們要區分正向之教師監督與可能造成抑制兒童遊戲的過度熱心的監督之不同。太多的規範及過多的教師介入，可能導致兒童不去探索及成長的機會。因此，老師需要採取去除危險、減少危險活動及停止欺凌行為的方法與步驟，而且，有時要放手讓孩子自己探索與遊戲。一個精心設計的遊戲場可以減少制定規則的需求及過多監督。

　　Wardle（1990）建議遊戲場之設計應包括小丘與隧道的特色，以讓兒童可暫時逃離成人的監督。他解釋：

所有的遊戲場必須要讓成人很容易回應有困難或真正需要成人幫忙的孩子，孩子要儘量不受成人干預，自由徜徉其與同儕、玩物之互動，要有自由任其探索、冒險、犯錯、跌倒、瘋狂或幼稚地玩，嘗試錯誤，只要在安全範圍之內。所以，成人只需遠遠地觀察，在安全允許之下任其自由及自主地遊戲（p. 33）。

參考文獻

Bender, J. (1971). *Creating a Learning-Centered Classroom*. New York: Hart.

Frost, J. (1992). *Play and Playscapes*. Albany, N.Y.: Delmar.

Jones, E. (1979). *Dimensions of Teaching-Learning Environments.* Pasadena, CA: Pacific Oaks College.

Ladd, G. W. & Coleman, C. C. (1993).Young children's peer relationships: Forms, features and functions. In B. Spodek (Ed.), *Handbook of Research on the Education of Young Children* (pp. 57-66). New York: Macmillan.

Olweus, D. (1993). Bullyies on the playground: The role of victimization. In C. (Ed.), *Children on Playgrounds: Research Prespectives and Applications* (pp. 85-128). Albany, N.Y.: State University of New York Press.

Pellegrini, A. D. (1995). *School Recess and Playground Behavior*. Albany, N.Y.: State University of New York Press.

Rivkin, M. (1995). *The Great Outdoors: Restoring Children's Right to Play Outside*. Washington, DC: NAEYC.

Schaefer, M. & Smith, P. K. (1996). Teachers' perceptions of play fighting and real fighting in primary school.*Educational Research, 38*, 173-181.

Smith, P. K. & Thompson, D. (Eds.). (1991). *Practical Approaches to Bullying*. London: David Fulton.

Spodek, B., Saracho, O. N. & Davis, M. D. (1991). *Foundations of Early Childhood Education* (2nd ed.). Boston: Allyn & Bacon.

Walling, L. S. (1977). Planning an environment: A case study. In S. Kritchevsky & E. Prescott (Eds.). *Planning Environments for Young Children: Physical Space* (pp. 44-48). Washington, DC: NAEYC.

Wardle, F. (1990). Are we taking play out of playgrounds? *Day Care & Early Education, 18*(1), 30-34.

Wardle, F. (1997a). Outdoor play: Designing building, and remodeling playgrounds for young children.*Early childhood News, 9*(2), 36-42.

Wardle, F. (1997b). Playgrounds: Questions to consider when selecting

equipment. *Dimensions of Early Childhood*, March/ April, 36-42.

吳幸玲、郭靜晃譯（2003）。《兒童遊戲——遊戲發展的理論與實務》
（第二版）。台北：揚智文化。

張翠娥（2007）。〈幼稚園與托兒所的環境規劃〉。輯於蔡春美、張翠
娥、陳素珍著，《幼教機構行政管理：幼稚園與托兒所實務》（第
三版）。台北：心理出版社，頁112-113。

郭靜晃、陳正乾（1998）。《幼兒教育——適合3～8歲幼兒的教學方
法》。台北：揚智文化。

第四章

兒童教保機構教保方案規劃

- 托嬰中心教保規劃
- 幼兒園教保規劃
- 課後照顧班教保規劃

　　兒童教保機構在完成選址、立案及組織孩童生活與學習的物理空間之後，本著園所的宗旨、哲學及兒童發展理論基礎，來訂定園所的辦理目標（常會縣掛在園所入口處）（**表4-1**），接著就要開展落實這些目標的教保計畫。教保計畫之達成需要園所各方面的配合，如硬體設施、親師合作、教（保）人員品質等，教保計畫透過各種不同活動的組成以形成方案，並由教（保）人員負責執行，園所長（主任）負責監督，以達孩童健康成長與發展之目標。兒童教保機構要符合3P的要素：硬體（physical plants）、教保方案（program/project）及人事（personnel）才能彰顯品質。

表4-1　幼兒園教學目標範例

1.充實幼兒生活經驗，培養良好生活習慣。
2.提供優質學習環境，培養健全身心發展。
3.積極推展親職教育，保障幼兒幸福快樂。
4.提升解決問題能力，啟發幼兒潛能興趣。
5.促進幼童身心健康及均衡發展。
6.各項知能學習與生活訓練，依其興趣及年齡層之不同，設計各種教學活動，適齡教學。
7.採用啟發式教學，培養幼童創作、思考、表達能力。
8.讓幼童快樂的學習、發揮潛能，達到各個領域認知、情意、動作技能的均衡發展。
9.配合單元不定期舉辦戶外教學，提供孩子接觸大自然的機會，拓展孩子的生活經驗，增進同儕間的人際關係。
10.加強發展遲緩幼兒篩檢，對發展遲緩兒童進行早期介入與療育，加強兒童之發展，開發兒童的潛能，並降低障礙程度及併發症，期使發展遲緩兒童能與同齡兒童一樣具正常生活的能力。
11.用遊戲方式引導幼童以達成教學目標。

第一節　托嬰中心教保規劃

　　托嬰中心是以二歲以下嬰兒的成長環境，其品質更攸關孩子的發展。一個具有高品質的托嬰中心，必須要有符合嬰兒發展需要的環境與設備（最低要符合機構設置標準），提供健康及衛生的環境，照顧者的工作態度，照顧員與嬰兒之比例（最好是符合1：3），以及提供合適的活動。除此之外，還要有密切的親師溝通。為了提升托嬰中心的品質與管理制度，內政部兒童局已頒訂托嬰中心評鑑指標及手冊，以期讓家長能瞭解並幫助他們選擇托嬰方式。兒童福利聯盟托育組亦提供托育資源與轉介服務給大台北地區的家長及托育機構相關托育資源、人員訓練及兒童保育資訊。

　　蔡延治（2006）在其托育模式的書中，就列出一個優良的托嬰中心應具備之要件：

1. 物理環境：指空間大小、規劃、遊戲設施和材料品質。
2. 健康與安全：包括工作人員的健康狀況、衛生習慣，以及嬰兒的健康管理、安全管理及環境之衛生。
3. 餐飲管理：提供嬰兒健康的膳食及告知家長嬰兒膳食的菜單及量。除此之外，進餐的衛生及培養嬰兒良好的飲食習慣，也是要求之重點。
4. 行政管理：健全的行政制度、師生比及工作人員工作環境及流動率等。
5. 工作人員之素質：除了必備之專業資格，不斷進修及專業訓練，以及工作人員的價值、態度及對嬰兒的瞭解，也是工作人員之基本要求。

6.親職教育：除了工作環境之提供和托嬰服務，親師合作及幫助父母成為好父母的親職教育更是掌握嬰兒社會化的最佳方式。嬰兒最重要的照顧人員是父母與托兒照顧者，所以兩者之關係建立更有助於孩子與人建立依戀及提供孩子與成人最佳之互動。

7.教保活動：嬰兒教保活動除了規定的作息外，也要安排嬰兒與玩物、照顧人員的互動，尤其增進嬰兒認知覺發展，最重要是促進嬰兒溝通能力，而環境也應朝向正向環境（積極回應及迎合孩子發展）來作規劃。

8.適切的評量：嬰兒成長很快，每日或每週皆有一些進展，故有效嬰兒的生活記錄及學習生長觀察與記錄，皆能幫助有效評量嬰兒。

相關托嬰或保母教保工作在我國已有相當多的資源（來自政府組織或民間服務團體），**表4-2**列舉相關保母教保工作之資源網站。

表4-2　支援托嬰及保母教保工作之資源

一、縣市家庭教育中心		
單位	地址／網址	行政電話／885專線
台灣師大家庭教育研究與發展中心	台北市和平東路一段162號（國立台灣師範大學） http://www.cfe.ntnu.edu.tw/	(02) 2362-6277
暨南大學家庭教育研究中心	南投縣埔里鎮大學路一號（國立暨南國際大學） http://www.cf.ncnu.edu.tw	(049) 291-0960轉2798
嘉義大學家庭教育中心	嘉義市林森東路151號（國立嘉義教育大學） http://140.130.195.59/~fec/	(05) 274-3111轉3856
基隆市家庭教育中心	基隆市中正區信一路181號（基隆市文化中心） http://klcchome.womenweb.org.tw/	(02) 2427-1724 (02) 2420-1885

（續）表4-2　支援托嬰及保母教保工作之資源

單位	地址／網址	行政電話／885專線
台北縣家庭教育中心	新北市板橋區莊敬路62號（台北縣立文化中心） http://family.jsps.tpc.edu.tw/family/home.htm	(02) 2256-9234 (02) 2255-4885
台北市家庭教育中心	台北市中山區吉林路110號5樓 http://ttaipeifamily.womenweb.org.tw/	(02) 2541-9690 (02) 2541-9981
桃園縣家庭教育中心	桃園市縣府路1號14樓 http://family.tyc.edu.tw/	(03) 332-3885 (03) 333-4885
新竹縣家庭教育中心	新竹縣竹北市光明六路10號 http://gogogo.womenweb.org.tw/	(03) 658-3808 (03) 658-3885
新竹市家庭教育中心	新竹市東大路2段15巷1號 http://hsinchu.womenweb.org.tw/	(03) 531-9756 (03) 532-5885
苗栗縣家庭教育中心	苗栗縣苗栗市國華路1121號(東門) http://che.mlc.edu.tw/	(037) 350-746 (037) 327-885
台中縣家庭教育中心	台中縣豐原市圓環東路782號 http://family-taichung.womenweb.org.tw/	(04) 2528-3353 (04) 2528-5885
台中市家庭教育中心	台中市北區太平路70號（太平國小旁） http://hfamily.womenweb.org.tw/	(04) 2229-8885 (04) 2225-3885
南投縣家庭教育中心	南投縣南投市中興路669號1樓 http://nantou-family.womenweb.org.tw/	(049) 224-3894 (049) 223-2885
彰化縣家庭教育中心	彰化縣彰化市中山路2段678號 http://www.boe.chc.edu.tw/family/	(04) 726-1827 (04) 726-1885
雲林縣家庭教育中心	雲林縣斗六市南陽街60號5樓 http://boe.ylc.edu.tw/~6g/	(05) 533-5885
嘉義縣家庭教育中心	嘉義縣太保市祥和新村祥和一路1號 http://cic.familyedu.moe.gov.tw/front/bin/home.phtml	(05) 379-8885
嘉義市家庭教育中心	嘉義市山子頂269-1號 http://soart.cy.edu.tw/family/info_1.htm	(05) 362-0747 (05) 275-0885
台南市家庭教育中心	台南市新營區秦漢街118號 http://familyeducation.womenweb.org.tw/	(06) 659-1068 (06) 656-9885

（續）表4-2　支援托嬰及保母教保工作之資源

二、民間教保團體／基金會	
單位	網址
雲林縣幼教資源中心	http://class.ylc.edu.tw/~u08/TEST/
中華民國幼兒教育改革研究會	http://aecer.org/
柴爾德的黑皮窩—兒童發展資訊網	http://blog.roodo.com/childdevelop
信誼基金會小太陽0-3歲幼兒雜誌	http://littlesun.hsin-yi.org.tw/
國語日報	http://www.mdnkids.com/
123童書網	http://www.123book.com.tw/
文建會兒童文化館—繪本花園	http://children.cca.gov.tw/home.php
育兒生活雜誌	http://www.baby-life.com.tw
媽媽寶寶	http://www.mombaby.com.tw/
母乳哺育專區	http://www.bfvghtc.org/
嬰兒與母親	http://www.baby-mother.com.tw/
優生保健	http://www.cgmh.com.tw/heal/jour-nal/subject3.htm
兒童醫學網	http://www.vghtpe.gov.tw/~peds/in-dex.htm
兒童健康	http://www.kidsnol.com/
便便兒童公益網站	http://residence.edu.tw/cutekids
親子天下網站	http://parenting.cw.com.tw/
幼教資訊	http://www.birdsfamily.com.tw/birdsmaily-index.html
ckids傳思動力幼教網	http://www.ckids.com.tw/
內政部兒童局—親職教育網	http://www.cbi.gov.tw/CBI_2/internet/main/index.aspx
行政院兒童E樂園	http://kids.ey.gov.tw/mp?mp=61
社團法人台灣愛鄰社區服務協會	http://www.i-link.org.tw/index.php
全國保母資訊網	http://cbinursery.ntcn.edu.tw/download.php
台北市衛生局社區心理衛生中心	http://mental.health.gov.tw/cooperation.asp?channelid=C3
兒童網路學習樂園	http://www.gtes.ilc.edu.tw/kids/
台北市早期療育綜合服務網	http://www.eirrc.taipei.gov.tw/MP_100049.html
台灣閱讀推廣中心	http://163.22.168.15/
王文華的童話公園	http://fest5.myweb.hinet.net/
國立教育資料館免費教學影片	http://192.192.169.234/english.jsp

(續)表4-2 支援托嬰及保母教保工作之資源

三、優質保母部落格	
網站	網址
葉素惠的保母窩	http://tw.myblog.yahoo.com/jw!1IptBn2LFQRleOJx8khtPgT9qGU
專業褓母	http://tw.myblog.yahoo.com/jw!SHlMNraTQUSrDpUlEacI
優質保母	http://tw.myblog.yahoo.com/jw!eQ2aOSOKRU_Rls4L6MSt
辣椒媽咪.甜蜜小屋	http://tw.myblog.yahoo.ccm/m500606/
春媽媽保母部落格	http://tw.myblog.yahoo.com/mammychun/
◎Baby home◎托嬰托兒	http://tw.myblog.yahoo.com/ponpon-sunny/
朵爸朵媽部落格	http://tw.myblog.yahoo.com/jw!Pfyg8F2LGgBjSWIsNfA05V8-/

第二節　幼兒園教保規劃

　　除了硬體空間要迎合法規，幼兒園的環境常因教保人員之價值、哲學、理念及引用之理論會採取不同之教保模式，如主題式、開放式、傳統式等。每種模式皆有一些不同的物理空間安排、老師能力之要求，但如何組織教保活動，也是有一些參考之原則。

一、作息時間安排

(一)時間表

　　時間表（schedule）是用來計畫一天活動的時間。孩童可透過每日規律的事件學習預測未來的活動。在幼兒園，時間分配給不同

的活動；大班的學習則依科目分配時間。幼兒園中小班老師把大部分時間花在活動上，在活動的時間內，兒童若能自行選擇活動項目，則可提升其個人化的程度，老師也能為不同兒童設計不同的學習計畫。

任何的時間表都須具有彈性。在某一天裡，即使時間表只排二十分鐘和兒童談話，若必要則可延長至四十五分鐘；但在其他日子裡，五分鐘可能便嫌太長。老師可能希望花一整天做工藝課程，例如建造運輸單元用的車子而完全不包括聽故事及音樂活動。老師應考慮一段長時間內活動的均衡，但兒童也不須每天都參與學校課程的每一領域。

要將時間排成課程表必須運用完整一天的某些變化，它讓兒童以自己的步調順利完成活動。關心兒童個別教學及發展自主性的老師可計畫許多課程在同時間進行，這樣孩童可依自己的步調變換課程領域。因此，學校生活的組合看起來像是活動課的延長，這種組合減少了在課堂上等待其他兒童的時間，因為他們藉由個別的學習機會將學校時間做最佳運用。這種組合也有助於整合學校科目，因為人為的時間區隔已相對地減少或完全廢除。下面的時間表範本（**表4-3**）可供老師參考。這些時間表提供了一天活動的架構。當老師覺得對課程得心應手時，便可彈性調整日程表的結構。

更開放的結構可讓兒童容易進入課程狀態並自動出席；可能的話，讓兒童在出席板上掛上名牌，然後他們便可以直接進入活動中。其實不見得要有點心時間，點心可放在旁邊的桌上，兒童覺得有需要才拿。老師或其助手也可在活動時間帶一小組兒童到圖書區的角落進行討論或說故事，不一定要全班一起做。戶外遊戲及全班團聚的時間仍須保留，但這是為特殊目的，而不是一種慣例。

表4-3　開放式模式幼兒園之時間表範本

大班半天班（上午班）
8：30—9：00　　　到校
　　　　　　　　（老師在門口迎接小朋友）
9：00—9：15　　　點名、收牛奶錢等
9：15—9：30　　　分享時間
9：30—10：30　　活動中心時間
10：30—10：45　點心時間
10：45—11：15　戶外遊戲
11：15—11：35　聽故事或音樂時間
11：35—11：45　準備回家
11：45—12：00　放學

大班半天班（下午班）
12：45—1：00　　到校
　　　　　　　　（老師在門口迎接小朋友）
1：00—1：15　　　點名、收牛奶錢等
1：15—1：30　　　分享時間
1：30—2：15　　　活動中心時間
2：15—2：30　　　點心時間
2：30—3：00　　　戶外遊戲
3：00—3：15　　　聽故事或音樂時間
3：15—3：30　　　準備回家
3：30　　　　　　放學

大班全天班
8：30—9：00　　　到校
　　　　　　　　（老師在門口迎接小朋友）
9：00—9：15　　　點名、收牛奶錢等
9：15—9：30　　　分享時間
9：30—10：30　　活動中心時間
10：30—10：45　點心時間
10：45—11：15　戶外遊戲
11：15—11：35　聽故事或音樂時間
11：35—11：45　間隔時間
　　　　　　　　（讓孩童洗手、拿外套及個人財物，準備吃午餐）
11：45—12：00　兒童到午餐室
12：00—1：00　　午餐時間
1：00—1：30　　　靜態活動
1：30—2：15　　　大團體活動
　　　　　　　　（音樂、運動）
2：15—2：30　　　點心時間
2：30—2：45　　　說故事時間
2：45—3：00　　　準備回家
3：00　　　　　　放學

開放式時間表的許多成效有賴於兒童自主性操作的準備。有些老師可能較喜歡在提供一些獨自活動的時間之外仍維持一天的結構化部分。獨自活動的時間可包括獨自閱讀、工藝活動以及個人生活體驗的機會，並在不同興趣領域中完成選擇性的作業。老師應該在活動開始前和兒童一同合作計畫並在之後一同開會，並反思及評估課程的優缺點。

(二)間隔時間

通常老師都會仔細地安排活動時間的內容，而問題往往發生在這些活動的間隔時間上。要求兒童清理環境、排好隊、從這一區移動到另一區或是等候，都會遇到困難。有些孩童比其他人先清理好，有些則天生較沒耐性。常常，一堂課的時間表必須配合另一堂課的進度，因而可能延誤。間隔時間中，尤其在活動與活動間必須注意其銜接（transit）。

間隔時間造成困擾的原因，包括：在兒童方面，他們會覺得無聊、對下一刻感到茫然及害怕失敗，而在老師方面，則有要求兒童堅持服從和無法明確定出任務的問題。預期間隔時間的問題並事先做計畫，可紓解潛在的問題。老師可以隨時注意哪些孩子在間隔時間內有問題，並給予他們特別的協助。發明一個清理遊戲可使它顯得較無壓力；給兒童特別的指引，並觀察間隔時間的要求是否超出他們的能力之外。準備一些簡短的遊戲、故事、詩及手指謠，也可填滿未預期的等待期間。最重要的是，老師的鎮靜及秩序感可協助兒童克服已發生的問題。

二、人的分組

每天把十五、二十個或更多個年齡相近的兒童放在同一間教室

中數個小時，難免會產生個體與團體中其他成員需要上的衝突。我們希望兒童入學後能放棄他們日常活動的自然律動；我們要求他們都能同時到校，在同一時間內坐在自己的座位上，在規定的時間內注意肢體的運作，在特定時間內一起吃飯、玩耍，且幾乎以相同的步調學習。我們希望兒童「舉止合宜」而不管他們之前的行為模式如何，或忽略他們對外在世界存有何種特別的期望。為了讓孩子適應這個世界，某種程度的服從是必要的，而且也是培養其成為文化人的形式，但真正需要的服從程度有多少，則尚無標準答案。

　　許多教育家曾尋找方式要減少在學校裡個體與團體間本質上的衝突。例如，有些孩童學習較快且在某些方面能力較強。不同類型和擁有不同興趣的兒童需要不同的學習援助。許多技術都被用來處理這類衝突，其中一種是提供多樣的活動讓兒童從中選擇。一天的時間可分成室內或室外活動課，兒童可從中挑選結構性或非結構性的任務，也可改變之。一天中只有短暫的時間被要求和團體一起做「例行」活動，像是吃點心或休憩，或做大團體活動，如音樂課、說故事或討論。

(一)兒童分組

　　雖然有些教育家呼籲混合年齡制的分組，但兒童在幼幼班、中小班、大班的分組上，大都是以年齡和年級來分組。在幼兒園中小班，班上兒童是依據活動來分組，包括了每天所進行的全班、小組及個人活動。但在大班上，兒童則是依照課業表現來分組。傳統上，分班及分組的標準是根據學業成就或技能等級來區分。雖然這種程序對帶領全班的老師而言較輕鬆，但對兒童而言卻呈現了某些問題。縮小某一行為領域的差異程度，像是課業成就，可能在其他行為領域的差異程度上派不上用場。此外，把孩童置於同性質分類

的教室裡，會使他們將預期表現變成自我實現的目標，例如被分在學習速度慢的班級中的兒童，常常依照那個團體所被預期的目標而表現。

雖然一些老師和家長鼓吹能力分組，但並無證據顯示兒童的學習能力增強。隨著大部分有特殊需求的兒童都回歸到普通班級中，在每個班上學習能力常態分布現象已經變成一種標準。

◆教學分組

處理大班學生個別差異的方法之一就是將兒童做教學上的分組。典型的分組，例如將全班分成三個閱讀小組，每組代表表現水準的有限範圍。老師可以一次和一組合作，聆聽兒童閱讀、上語音課或進行其他任務，而讓其他孩童專心在座位上自行活動。利用組隊方法或個人化教學，可以減少在座位上自行活動的需求，因為一次可應付的教學組別不只一個。

◆個別教學

個別教學常可維持教學目標，同時也讓兒童以不同的步調順利完成相同的課業。學習活動被打散成小步驟，且以兒童在特質測驗上的表現為基礎，施予個別教學的課程。如果他們完成了指定作業、接受測驗且成績達到水準，他們便能順利進入課業的下一階段。所有的兒童都經歷相同的課業順序，但都是以他們自己的步調進行。兒童如果在某領域表現突出，他們也可以跳過某部分的課程。

在此種方法上，只有步調是個人化的。一堂活動取向的課程是將教學上其他方面個人化。例如，教室可變成一個工作室，讓兒童追尋不同的事業；每個孩子所用的方法和所定的目標都不同。老師可以給孩童機會表達他們的興趣並視情況修訂教學計畫。

(二)混齡分組

　　另一個處理課堂上個別差異的方法即廢除學校年級的分組制。當任何一班的學童差異性增大時，老師便無法對每個兒童懷抱相同的期望。此外，較不正式的教學方法已被接受且個人化趨勢愈來愈明顯。把不同年齡的孩子編成一班，他們可相互幫助及教導，年齡分級的目標變得不重要且兒童自身的能力成為評斷教學計畫的基礎。

　　混齡的班級代表一個社會縮影，它提供幼兒一種豐富的智力溝通。它消除了年級的界限，因此構成交叉年齡的家教教學。它也拉長了老師－家長及老師－兒童間的互動時期，超過一個學期或一年。在研究兒童在混齡及單一年齡班級時，Schrankler（1976）發現混齡分組和兒童的情緒因素（如自尊心）之間存在正面關係，也使得家長、兒童對學校產生正向態度。在這兩種不同類型班級裡的兒童，其課業成就無甚差異。

　　混齡分組，像其他上述的分組架構一樣，顯示了個人化趨勢的可能性。老師如何處理這種可能性變成協助兒童學習的關鍵因素。可惜，在一些個案中，混齡分組指的是分組的標準（年齡）被另一個標準（可能是閱讀成就）所取代，在課堂練習上並無改變。在混齡分組的方法中，課堂上的個別差異可被視為是一項資產。如果把兒童視為學習資源，那麼擴大一個班級的年齡範圍便能增加可獲得的學習資源。

　　為改善教學技術，以配合學生程度處理個別差異的方法可結合數種方式進行。每一種安排都透過教室的組織而採取不同的思考方式，如物理設施的布置可以加強或減少小團體活動。教材及設備的取得亦是考慮重點；老師在個人化課程中不需要整套的教材，相反

地，須提供兒童大量可獨立使用的多樣教材和設備。

(三)成人分組

　　成人在幼兒教育中扮演許多角色。園所長及中心主任都要負起基本的行政責任，雖然他們可能也要負責某些教學。園所長、教學主任及上課教師都要負責基本的課堂規劃和教學。助教及志工可能也要參與教學及輔助性活動。志工有可能是博學多才的人，被暫時邀請到課堂上，也有可能是正式的教職員，如同在許多合作性質的幼兒園的情況一樣。

　　其他在學校團體中的人員也對幼兒教育有所貢獻；包括廚師、警衛、校車司機以及其他人，他們都影響了兒童的教育。當老師無法負責或監督兒童與學校人員所有的接觸時，他們必須注意這些情況，並藉由他們從多方面整合學習資源。教師們必須協調志工的用途，訓練他們，並將學校的方針傳達給他們知道。

　　參與幼兒園教學的家長必須先瞭解學校的體系、常規、教學技巧以及教室管理方法。教師們應定義家長的角色及責任，並解釋課堂分組的理由；為父母而設的訓練課可能有助於產生一致的表現。

　　有些教育家鼓吹分化教職員編制的型態，以作為善用及獎勵一些有特殊技巧和專長的教師之方式。幼幼班的課堂上都使用傳統的分化編制，老師們有助手或助教配合。最近，也有人建議將有些教師定義為主教師或導師，其角色包括協助其他老師以及和兒童合作。根據Boutwell、Berry和Lungren（1973）的說法，這種分化形式有五項特質：(1)共同做決策的正規系統；(2)自我更新的正式準備；(3)以實行為基礎的組織角色；(4)專業上自我規範的正式準備；(5)彈性運用人力及物理資源。以此方式結合的小組減少了教師的孤立並走向彈性教學的計畫。

聯合教學是一種困難且薄弱的妥協。在教室裡的一群孩童面前，成功地融合兩種個性、教學形式及原理並不容易。聯合教學的成員每天在一起的時間很長，因此，老師們為了能夠達到課程的教學目標必須合作解決任何可能產生的差異。聯合教學確實也提供給幼兒模仿合作行為的機會。成功的聯合教學需要真誠的溝通、信任以及能力來協調教師間的差異。

　　在每個幼兒班級中設一位老師和一名助教可說是聯合教學的一種典型。在幼兒園中、小班設教學助理，可讓兩個個體一起合作並促使班級以不同方式分頭進行活動，老師們可在同一時間內輔導數個個人或團體。

　　採用併班的方式即可組成一個較大的教學單位。有些活動，像是觀賞錄影帶，是不太需要老師監督的，所以老師在這些活動期間可以對更多的兒童負責。其他的學習情況則以小團體活動、個人活動或面談較適宜。聯合教學的成員有更多的機會跟個人和小團體合作，且比單一教師更專業化。

　　相配合的老師在能力或責任上不一定要相等，資深老師和新進教師可以互相學習。兼職教師也可併入聯合教學中，增加額外的技術。聯合教學減少了教師孤立的問題，因為每位教師可不斷地彼此互動。

　　在組成大型教學團體（由兩班或更多班級組成）時，教育者必須注意此團體之所以擴大並非要忽略個別的兒童。不過在這種大團體型態下，成人與兒童以及兒童與兒童間強烈的關係連結被掩埋了。和小團體相比，大團體也傾向於更官僚的形式管理。雖然沒有明文規定團體最適宜的大小，但有些學校體系和授權機關都建立了政策方針。判斷團體的大小應考慮教育目標、設備資源、教師能力以及教育課程的基本原理，加上孩童確實的人數和年齡。

　　希望幫助學童獨立學習的教師必須提供一間教室讓兒童自由且

合宜的活動。在一間有活動中心的教室裡，兒童可以進行特殊活動而無須一整天被限制在一張書桌前。要測試教室布置的好壞，要看它幫助兒童完成課程目標的程度而定。老師應該實驗教室情境並定期修正它，以使教室成為動態的學習環境。

當然，以上的時間表和分組則依不同的教學模式、方式、理念會有差異，一般有開放式，如主題式、蒙特梭利課程、華德福課程或傳統式之單元教學等。當然，特殊的活動安排及團體中有特殊兒童則會依兒童之性質來作調整。身為老師或教保員，應有反思的能力及機會來思考教學策略、方案是否符合課程目標及孩子的需求，以彈性來調整時間表及社會團體之分組。其方法可用於執行研究，如行動研究或透過同儕訪談、教學日誌、小組會談、督導過程中來達成。

第三節　課後照顧班教保規劃

課後照顧（after school care）班專指為國小學童放學離開學校之後，因家長尚未下班、無暇照顧學童或家長想給學童學英文、才藝等技能所設的托育服務，所以其有托育兼學才藝的功能。此種托育機構因應社會需求發源於民國77年，最早常在國小附近由退休老師或才藝老師所辦理，大的機構是由補習班名義設立，首先在台北市先訂定設立標準，直到民國88年，內政部兒童局出版手冊，明訂「安親班」是針對國小學童課後服務的托育機構，在台北市稱為「兒童托育中心」，高雄市和台中市稱為「課後托育中心」，其他縣市稱為「安親班」，由社會局主管。之後，在民國89年內政部兒童局頒布「安親班定型化契約範本」，以減少托育機構與家長之爭議。在民國92年5月28日由總統正式公布《兒童及少年福利法》，

依其中第十九條第一項第十二款之規定，教育部擬定《國民小學辦理兒童課後照顧服務及人員資格標準》並於8月1日公布。而在民國95年內政部兒童局開始頒布「托育機構評鑑指標」，並辦理評鑑，從此，台灣課後托育有了管理規範及制度。

在民國97年間，台灣隨著社會貧富差距擴大，一些貧困、單親、失親、隔代教養、家境特殊等弱勢家庭，無法支付子女補習或上安親班費用，甚至無暇照顧子女。而政府相關課後照顧服務時間大多於晚上六時前結束（市面上的托育機構或補習班除外），為免家中乏人照顧之學童於課後照顧時間結束之後在外流連，造成身心發展與安全之隱憂，故教育部推動夜光天使點燈專案，由地方政府縣市登記立案之民間社團、文教基金會、宗教團體選擇安全的設施（以學校為優先或在學童步行十分鐘為原則且符合公共安全標準之建地），並遴聘講師（如正式教師、具教師資格之儲備教師、具家庭教育專業人員資格者、家庭教育中心志工、退休公教人員、縣市政府認定之學校志工、大專院校在學學生等）為推行方案之人力。

民國100年，教育部因應幼兒教育及照顧方案之頒布，有關課後托育之管理不能有效管理，近期將對課後托育機構與補習才藝班合併，統一稱為課「後照顧班」。

課後托育機構在國外稱為after-school program或school age child care，是指五歲以上到國中二年級（八年級）的兒童，在上課前或課後、寒暑假或學校假日協助父母照顧學童的服務機構。有些是由中、小學附設，有些在社區，有些在圖書館、博物館也有安排此種服務。在美國大都以才藝為主（如體能、球類、美術等才藝），較少標榜以補充課業、學習為主；在英國大都在社區由教會提供場地（大都為多功能使用），由志工或民間團體組織提供照顧，不以學習為主的休閒探索活動。

課後照顧機構常是托育機構之附屬，只是迎合法規（如課後托

育機構設置標準），在環境上要求簡單（以桌椅爲主），提供一些美勞用品，有時再利用社區公園或學校作爲戶外空間。

　　台灣民間所經營的課後托育機構，主要是以才藝活動及課後輔導爲主，學童在規定時間內做完學校功課、評量，其餘時間才能有一些休閒或才藝課，所以台灣課後照顧班是以功課爲主，托育爲輔的托育方式。

參考文獻

Boutwell, C. E., Berry D. & Lungren, R. (1973). Differentiated staffing: Problems and prospects. In Mary-Margaret Scobey & A. J. Fiorino (Eds.). *Differentiated Staffing* (pp. 9-22). Washington, DC: ASCD.

Schrankler, W. J. (1976). Family grouping and the affective domain. *Elementary School Journal, 76*, 432-439.

第五章

兒童教保機構的人事管理

- 人事資格、證照
- 人事制度與規章
- 專業倫理

　　人事管理（personnel management）與課程規劃（program planning）及硬體設施、設備（physical plants）為決定一個品質機構的三大要件。教保機構的人事管理過程可分為計畫（planning）、組織（organizing）、人事（staffing）及領導（leading）（陳素珍，2000）。計畫也就是整個園所的籌備，包括選址、規模、決定教學模式、相關資源、訂定園所目標及作決策；組織是將園所工作整理及執行運作，包括人員、採購和行政作業；人事包括新進員工甄選、分配、訓練及評估之過程；領導是園所務之帶領，影響他人過程達到團體之目標。人事管理是決定運作的要素之一，通常除了硬體設備之外，其是軟體運作中最耗成本的，其過程複雜，需要相關制度之建置與管理。兒童教保機構之運作組成要素很多，其中又以人力資源最為關鍵，也是組織最大的問題來源，本章將兒童教保機構之人事管理分為：人事資格、證照；人事制度與規章；專業倫理等三節。

第一節　人事資格、證照

　　兒童教保機構主要工作者為教保員、教師及其主管，其餘如娃娃車司機、廚工等事務人員。兒童教保機構又可分為三類：托嬰中心、幼兒園及課後照顧班。

一、托嬰中心

　　托嬰中心是《兒童及少年福利機構設置標準》第五條規定，而托嬰中心之服務內容是提供嬰兒照顧中之生活、心理及社會需求滿足之相關服務，包括營養、衛生、保健、安全、遊戲之學習活動以及生活照顧。托嬰中心除教職員掌管行政事務外，專任教保人員

有主任及保母人員。托嬰中心招收幼兒五人以下者，應置主任及保母人員各一人，每增收五人應增置保母人員一人，未滿五人者以五人計。托嬰中心招收幼兒未滿二十人者，應置特約護理人員，二十人以上者應置特約醫師及專任護理人員。因此，托嬰中心人員之資格應以《兒童及少年福利與權益保障法》所規定之保母專業人員資格，而護理人員及醫師則依《醫師法》所規定並獲得證照。

二、幼兒園

幼兒園依《幼兒教育及照顧法》是係提供二歲以上幼兒教保服務之教保機構。其服務內容為提供幼兒生活、心理及社會需求之相關服務，如營養、衛生、保健及安全相關服務，提供適宜發展之環境與學習活動（包括身體動作、語文、認知、美感、情緒發展與人際關係等），以及幫助幼兒養成良好生活習慣及積極學習態度。幼兒園二歲以上未滿三歲幼兒，每班以二十人為很，且不得混齡。三歲以上至入國民小學前幼兒，每班以三十人為限。幼兒園除國民中、小學附設者得由校長兼任園長外，其餘專業人員有團長、幼兒園教師、教保員或助理教保員。二至三歲每收托十名幼兒需配置教保人員一人，而三歲以上以每收托十五名幼兒得配置教保人員一人。教保人員或助理教保人員需符合兒童少年福利專業人員資格，其中之分野是以具大學（專）畢業者為教保人員。

當《幼兒教育及照顧法》公布之後，原先之資格再至當地政府教育局換發教保人員資格。而教師則是以《師資培育法》所公布具幼兒教育教師之資格並領有證照。

三、課後照顧班

課後照顧班應置主任及課後教保服務人員。課後照顧班招收兒

童三十人以下者，應置課後教保服務人員二人（包括主任），每增收二十人，應增置課後教保服務人員一人，未滿二十人者以二十人計。如班級中有身心障礙者，應酌降該班級教保服務人員照顧兒童人數，其法規應符合該地直轄市、縣（市）主管機關定之。而在國小辦理課後照顧則需符合上述課後教保人員資格或符合《國民小學辦理兒童課後照顧服務及人員資格標準》之資格。

第二節　人事制度與規章

　　人事管理是指機構之資源運作，包括人力、物力、財力、資訊及組織可運用之資源。人事管理涉及人的運作與管理，包括人事甄選、訓練、發展、考核、薪資、福利等組織運作，也是一門專業管理，所以需要建立各種制度、頒訂規則以定為民主化之管理，且明確規定勞資雙方之權利與義務，以提高工作效率及確保人員權益。如果有涉及臨時工作人員、相關權益常會依《勞動基準法》第七十條暨相關法令執行。

　　一般在兒童教保機構聘用人員有：

1. 專任園長（主任）：主要在綜理園務行政、教保、衛生保健及董事長交辦事務推展、督導及管理業務之人員。
2. 教保員：綜理教保活動需要所僱用，按月支領薪水之人員。
3. 助理教保員：綜理教保活動之托育及協助教保員執行教保活動之業務，按月支領薪水之人員。
4. 駕駛員：為因應園務交通需要所僱用之人員，並按月支領薪水。
5. 廚工：為因應環境衛生安全及餐飲業務正常運作之需所僱

用，按月支領薪水之人員。

6.護理人員：為因應幼童衛生、保健或嬰兒照護之需要所僱用，按月支領薪水之人員。

7.社工人員：當機構超過相當人數，依法僱用綜理幼童及家長相關兒童福利之調查、申請之工作人員，並按月支領薪水。

由於一般人事管理過程複雜，故在機構中仍需要制定相關制度。下列是以幼兒園為範例：

一、員工聘任制度

員工聘任制度是指員工之受僱及解僱相關事項，其有關之規則如下：

1.有下列各款情事之一者，不得僱用為臨時人員：

(1)曾受僱於本園所，未經奉准擅自離職或因工作不力、操守不良等因素經解僱者。

(2)曾犯內亂、外患、貪汙經判刑確定或通緝有案，尚未結案者。犯本款前段以外之罪，判處有期徒刑以上之刑確定，尚未執行或執行未畢者。但受緩刑宣告者，不在此限。

(3)褫奪公權尚未復權者。

(4)曾危害或滋擾，造成本園所重大損害者。

(5)禁治產或有精神官能症者或患法定傳染性疾病者。

(6)對於所擔任之工作確不能勝任者。

2.本園所依業務需要聘用人員，應訂立定期或不定期勞動契約。其工作年資自受僱於本園所之日起計算。

3.新任聘用人員應於僱用通知書送達後七日內到職，無正當理由逾期未到職者，解除僱用契約。但有特殊重大事由，經本

園所同意延期到職者,不在此限。

4.新任聘用人員應親至本園所僱用單位辦理到職手續,並繳交下列證件:

(1)最近三個月內二吋彩色相片一張(製發識別證)。

(2)國民身分證之正本(核對後退還)、最高學歷影本。

(3)醫療機構或教學醫院之身體檢查表。

(4)聘用人員履歷表(貼本人最近三個月內脫帽正面二吋光面半身照片)二份。

(5)全戶戶籍謄本乙份。

(6)其他經指定應繳驗之書件,如良民證、前一工作離職證明(無工作經驗者除外)。聘用人員辦妥到職手續後,應詳閱本工作規則並依僱用業務需求簽訂勞動契約。

5.本園所因組織調整、業務移撥、法令變動或其他業務需要,得變更勞動契約之工作內容,並得依聘用人員之體能及技術,調整、調任或外派其工作或要求變更工作地點,聘用人員無正當理由不得拒絕。

6.聘用人員奉派調整職務,應於生效日前辦妥移交及接交,並應於受派次日內到職;拒絕到職或未經本園所同意逾期到職者,終止勞動契約。

7.聘用人員退休、資遣、辭職或解僱,應於勞動契約終止日起三日內辦妥離職及移交手續;經管財物短缺或移交不清者,應依法賠償,拒絕賠償者,由本園所起訴求償;聘用人員之主管如怠於執行求償作業,應負行政責任。

8.聘用人員擬提前終止勞動契約自行辭職者,應以書面於離職三十日前預告本園所,並依前條規定辦妥移交及離職手續。

9.除本園所有《勞動基準法》第十四條第一項情形者,聘用人員不得未經預告終止勞動契約。但臨時人員有《勞動基準

法》第十二條第一項情形者，本園所得不經預告終止勞動契
約。

10.本園所終止勞動契約之預告期間，依《勞動基準法》第十六
條之規定認定。臨時人員違反《勞動基準法》第十二條或依
第十五條規定終止勞動契約或定期勞動契約期滿離職者，不
得向本園所請求加發預告期間工資及資遣費。

11.聘用人員經辦妥移交手續離職者，得申請發給服務證明書。

二、薪資

園所工作人員之薪資是針對員工金錢性報酬及福利報酬，並依
法提供職工之勞工保險及全民健保。其中之規定如下：

1.聘用人員之工資以薪點計算，其薪點標準依「當地政府臨時
約用人員支給報酬標準表」依其核定之標準發給。聘用人
員之工資，依簽訂之勞動契約定之，但不得低於法定基本工
資。工作時間每日少於八小時者，其工資得按工作時間比例
計算之。

2.基本工資係指「當地政府臨時約用人員支給報酬標準表」在
正常工作期間內所得之報酬；但其延長工作時間之工資及休
假日、例假日工作加給之工資均不計入。

3.平均工資依照《勞動基準法》第二條第四款及《勞動基準法
施行細則》第二條及第十條之規定計算之。

4.聘用人員工資以直接給付為原則。但下列項目應由本園所自
工資中代為扣繳：

(1)工資所得稅。

(2)勞工保險及全民健康保險保費之自負額及依《勞工退休金
條例》自願另行提繳之退休金。

(3)依強制執行法、行政執行法或其他法令應代為扣繳者。

(4)臨時人員請求或同意由本市代為扣繳者。

5.聘用人員工資依下列方式及標準給付：

(1)除勞動契約另有約定者外，應於當月十日一次發給上月工資。但工資由中央機關補助經費支付者，依補助款撥入且得予動支之日起十日內發給。

(2)新進人員自就職之日起薪，並依實際在職日數支給；在職期間死亡者，亦同。離職人員以離職前一日為最後支薪之日。

三、工時及休假制度

園所為了保障園務之運作與員工之工作和休假及相關福利，有必要制定相關制度。幼兒園工作人員每日工作時間，是依《勞動基準法》第三十條規定。有關工時及休假制度之相關規則如下：

1.因業務需要、性質特殊並經園所長、董事會指派或專案核准加班者，給予補休假。但應於加班日之次日起六個月內補休完畢，不得支領加班費。前項補休標準等事宜，由本園所與聘用人員協商後，函頒公告統一規定。

2.聘用人員每日正常工作時間不得超過八小時，繼續工作四小時者，應有三十分鐘之休息。但其工作性質有連續性或急迫性情況，本園所得在工作時間內，另行調配其休息時間。

3.聘用人員出差或請假，應於離開工作任所前覓妥代理人員並經主管人員核准。

4.聘用人員於紀念日，勞動節日及其他中央主管機關規定應放假之日均予休假。但依規定實施差勤管理之聘用人員，除勞動節日放假外，其餘紀念日及其他中央主管機關規定應放假

之日不再放假。

5.聘用人員繼續工作滿一定期間者，每年應依《勞動基準法》第三十八條規定給予特別休假，每次特別休假，應至少半日。

6.特別休假應於年度終結或終止契約前，依其應休之日數，如數休畢，不另發給不休假工資。

7.因天災、事變或突發事件，本園所認為有繼續工作之必要時，得依《勞動基準法》第三十二條規定，停止第三十七條至第三十八條所訂勞工假期。

8.聘用人員請假、休假均應事先申請核准，未經核准離開工作任所者，以曠職論；但遇緊急事故或急病，得於事發時先行向單位主管報備並代辦請假手續。於返回工作任所後，應補陳事故證明、醫療機構或健保醫院診斷書；病假在二日以上者，亦同。未依前項但書規定提出證明或捏造請假原因經查屬實者，視同曠職。曠職未達一日者，按曠職時數及八小時之比例扣減工資。

9.因婚、喪、疾病或其他正當事由得請假，並依據勞工請假規則辦理。勞工請假規則未規定者，依《勞動基準法》暨《兩性工作平等法》之規定辦理。勞工請假規則規定之公傷病假及公假，依下列各款辦理：

(1)公傷病假：依據行政院勞工委員會頒布之「勞工保險被保險人因執行職務而致傷病審查準則」辦理。

(2)公假：

・奉派參加本市或各級政府召集之集會或活動，經主官核准者。

・經董事會核准參加政府舉辦與職務有關之訓練、進修者。

‧主管人員奉派出差、考察。

‧參加兵役召集。

‧經主管以上人員核准，依法定義務出席作證、答辯者。

‧因法定傳染病經各級衛生主管機關認定應強制隔離者。
但因可歸責於當事人事由而罹病者，不在此限。

　公假期間工資照發，但適逢例假日、紀念日、民俗節日或勞動節日，不另補假，亦不加發工資。

10.助理保育人員、駕駛員及廚工不得派遣出差。

11.事假、普通傷病假、婚假或喪假期間，如遇例假日、紀念日、勞動節日及其他由中央主管機關規定應放假之日，除延長假期在一個月以上者外，不計入請假期間。

12.特別休假：服務滿一定期間者（以到職日為計算基準），每年依下列規定給予特別休假，休假期間支全薪，列計全勤。

(1)服務滿一年以上三年未滿者，七日。

(2)服務滿三年以上五年未滿者，十日。

(3)服務滿五年以上十年未滿者，十四日。

(4)服務十年以上者，每滿一年加給一日，加至三十日為止。

(5)特別休假每次以半日為計算單位。但累計休假天數不得超過可休假天數之總天數。

(6)離職時當年度未休畢天數則算未休假獎金，超休部分以事假抵充。

13.請假分為事假、普通傷病假、婚假、產假、陪產假、喪假、公假及公傷病假八種，其給假規定如**表5-1**。

表5-1　八種假別之給假相關規定

假別	請假原因	給假日數	證明文件	請假方式	薪資
事假	因事必須本人親自辦理	每月不超過三日,全年累計以十四日為限		不滿一小時以一小時計算,滿一小時以後以半小時計算	不支薪
普通傷病假	因普通傷害、疾病必須治療或修養者	全年累計不得超過三十日為限	一次請假一天(含)以下附門診收據,連續兩天由主管依病況給假,三天以上須附醫院診斷證明書	不滿一小時以一小時計算,滿一小時以後以半小時計算	當年度未超過三十日,以工資二分之一發給
婚假	本人結婚	八日(含訂婚假一日)	喜帖或結婚證書	除訂婚一日,需三個月內連續請完為原則	支工資、列全勤
產假	女性同仁分娩前後	八週(含例假日)	出生證明	連續一次請完為原則	伙食津貼、職務加給不予發放
	女性同仁妊娠三個月以上流產者	四週(含例假日)	醫院診斷證明書	連續一次請完為原則	
	女性同仁懷孕未滿三個月流產者	三天	醫院診斷證明書	連續一次請完為原則	支工資、列全勤
陪產假	男性同仁其妻生產	三天	出生證明	於生產日前後二週內請完	支工資、列全勤
喪假	父母、養父母、繼父母、配偶喪亡	八日	訃文、死亡證明或儲戶戶籍謄本	1.以日發為單位 2.於發生日起百日內分次請完	支工資、列全勤
	祖父母、外祖父母、子女、配偶之父母、配偶之養父母或繼父母喪亡	六日			
	兄弟姊妹喪亡、配偶之祖父母、配偶之外祖父母	三日			

（續）表5-1　八種假別之給假相關規定

假別	請假原因	給假日數	證明文件	請假方式	薪資
公假	因公奉派參加職務相關之專業執照考試、訓練、兵役召集	所需時間	相關證件	1.參加專業考試如有缺考者，以事假論 2.特殊事由申請公假者，須經專案呈核 3.兵役召集係指後備軍人點召及役男體檢	支工資、列全勤
公傷病假	凡有下列情事之一者得請休公傷病假： 1.因執行公務而致傷病 2.因職業災害而致傷病	實際所需天數	1.公立醫院診斷證明書 2.勞保工傷給付核准函	依職業災害傷病補償及撫卹辦法辦理	

四、退休制度

　　教保人員退休制度是人事管理系統更新替換的重要依據。退休制度是指工作人員工作一定年限，達到一定年齡後或因特殊情境而不得終止工作，退出工作崗位。在退出工作崗位可以獲得一些金額，以作為其在職貢獻的報酬或維持日後生活之用，其可包括退休撫卹、退休要件、法令依據，其參考規令如下：

　　1.聘用人員有下列情事之一者，得自請退休：
　　　(1)工作十五年以上年滿五十五歲者。
　　　(2)工作二十五年以上者。
　　2.聘用人員有下列情事之一者，強制其退休：

(1)年滿五十五歲。

(2)心神喪失或身體殘廢不堪勝任工作者。

　前項第一款所規定之年齡，對於擔任具有危險、堅強體力等特殊性質之工作者，得由本園所主管報董事會予以調整。但不得少於五十五歲。

3.退休金給予標準，依《勞工退休金條例》規定辦理。

4.本園所臨時人員於民國99年3月1日適用《勞動基準法》前，其勞動契約曾有間斷者，工作年資自最後一次僱用日起算，併計入年資。民國99年3月1日之後間斷者，依《勞動基準法》相關規定計算其年資。經本園所同意辦理留職停薪者，其留職停薪期間之年資，不予合併計算。

5.退休金給與，於核准或強制退休生效日並辦妥離職移交手續後三十日內一次發給。

6.聘用人員工作年資採計，以實際提繳退休金之年資為準。年資中斷者，其前後提繳年資合併計算。

7.聘用人員、其遺屬或其指定之請領人請領退休金之請求權，自得請領日之次日起，因五年間不行使而消滅。

五、考績制度

　考績制度之功能為效率及服務等表現（performance）之評估。通常考核是由園所主管（園長或主任）或機構管理者對教保人員或其他工作人員之工作及作業效果之評價。相關規則如下：

1.聘用人員對內應認真工作，愛惜公物，減少損耗，提高品質，對外應保守業務或職務上的機密。其管理、考核、升遷、獎懲等有關人事審議事項，除法令另有規定外，應由本園所考績審議委員會依有關規定審議，並經市長核定後發布。

2.除勞動契約或本所另行規定者外，聘用人員上、下班應依
　「本園所差勤管理要點」規定辦理。

3.聘用人員之平時考核，應隨時根據具體事實，詳加記錄，如
　有合於獎懲標準之事蹟，應予以獎勵或懲處。獎勵分嘉獎、
　記功、記大功；懲處分申誡、記過、記大過。其規定如下：
　(1)有下列事蹟之一者，予以嘉獎：
　　　‧工作勤奮，服務認真，有具體表現者。
　　　‧依限完成重要工作，成績良好者。
　　　‧服務周到，態度和藹，為機關爭取榮譽者。
　　　‧其他行為足資表率者。
　(2)有下列事蹟之一者，予以記功：
　　　‧經辦業務有特殊表現，成績優異者。
　　　‧執行業務，其行為足資矜式者。
　　　‧臨財不苟或拒受賄賂，足資楷模者。
　　　‧其他重要功蹟或行為足資楷模者。
　(3)有下列事蹟之一者，予以記大功：
　　　‧提供改善方案，經採納實施，確有績效者。
　　　‧適時消弭意外事件或重大變故之發生，事蹟卓越者。
　　　‧辦理臨時重大業務，圓滿達成，成績特優者。
　　　‧其他具有特殊功蹟或行為足資風範者。
　(4)有下列情事之一者，予以申誡：
　　　‧對所任職務懈怠或辦事敷衍，情節輕微者。
　　　‧生活欠檢，行為散漫，影響機關信譽者。
　　　‧妨害秩序或不遵從主管人員指導者。
　　　‧其他違反服務紀律，情節輕微者。
　(5)有下列情事之一者，予以記過：
　　　‧工作不力或擅離職守，貽誤公務，情節嚴重者。

・奢侈放蕩，賭博冶遊，品行不端者。

・接受與業務有關之酬勞或饋贈者。

・曠職繼續達一日，或一年內累積達三日者。

・上班時間喝酒者。

・其他違反機關規定，情節嚴重者。

(6)有下列情事之一者，予以記大過：

・對經管業務，怠忽職守，致使機關蒙受重大損失者。

・違犯法令或擾亂秩序，有確實證據者。

・因酗酒滋事影響工作秩序者。

・曠職繼續達二日，或一年內累積達五日者。

・其他違反機關規定，情節重大者。

依前項規定獎懲時，應考量事實發生之原因、動機及影響程度，核定獎勵或懲處額度。一次記二大過者，處分前應給予當事人陳述及申辯之機會。

4.聘用人員獎懲累計方式如下：

(1)嘉獎三次作為記功一次。

(2)記功三次作為記一大功。

(3)申誡三次作為記過一次。

(4)記過三次作為記一大過。

獎懲同一年度得相互抵銷，懲處累計達記二大過或一次記二大過者，應予解僱。

六、職災補償、撫卹、教育訓練及其他相關福利

教保機構在人事管理系統中憑藉機構資源提供職員一些保障或激勵，以增加職員對機構之認同並幫助機構激勵成員達成機構之目標，這些相關制度之規則有：

1.聘用人員因公受傷、殘廢、死亡時,依《勞動基準法》第
五十九條及其施行細則規定予以喪葬費及死亡補償或其他補
償。

前項受理補償權,自得受領之日起,因二年間不行使而消
滅。

受領補償之權利,不因勞工之離職而受影響,且不得讓與、
抵銷、扣押或擔保。

2.聘用人員在職非職災死亡者,核給撫卹金新台幣××萬元。
其遺屬受領撫卹金之順位,依《勞動基準法》第五十九條之
規定辦理。

3.聘用人員之工作性質有充實知識、技能、一般涵養及取得必
要之資格時,應視需要給予下列職前或在職教育訓練:

(1)安全衛生教育及預防災變之訓練。

(2)職前訓練。

(3)在職訓練。

(4)建教合作。

(5)勞工教育。

(6)其他專長訓練。

4.聘用人員均由本園所依法令規定辦理參加勞工保險及全民健
康保險。

5.本園所得視財務狀況及衡量臨時人員需求,適當提供各項福
利事項及措施,以增進聘用人員福祉及身體健康。

6.本園所對於聘用之人員應預防職業上災害,建立適當之工作
環境及福利設施。

7.聘用人員就其職務權限範圍,依法執行職務,致涉訟者,以
因涉訟輔助辦法之規定辦理。

七、園所人事行政組織編制

　　幼兒園的人事分工及組織運作需要有完善的行政組織，而行政組織編訂會依規模大小、工作需求及法令規令來釐訂，行政組織編訂及設計將影響組織運作，各員工之任務編組，再賦予角色規範，以達行政之效率，**圖5-1**至**圖5-5**，提供不同規模幼兒園之行政組織。

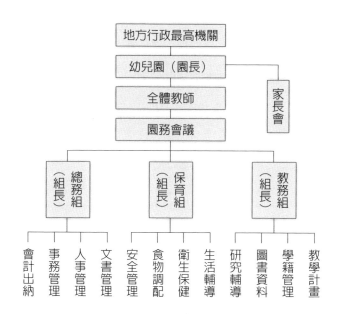

圖5-1　專設公立幼兒園行政組織系統參考圖

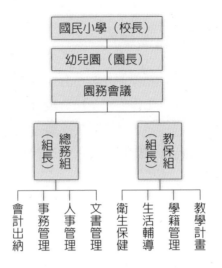

圖5-2　國民小學附設公立幼兒園行政組織系統參考圖

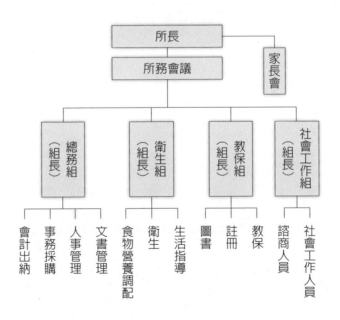

圖5-3　公立幼兒園行政組織系統參考圖

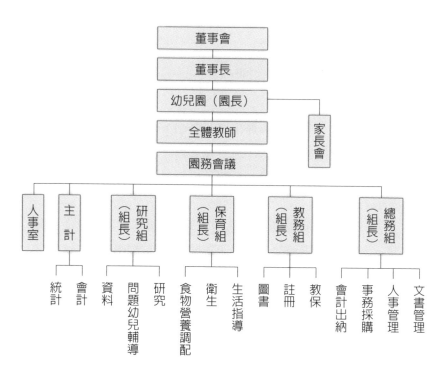

圖5-4　私立幼兒園行政組織系統參考圖（大型機構）

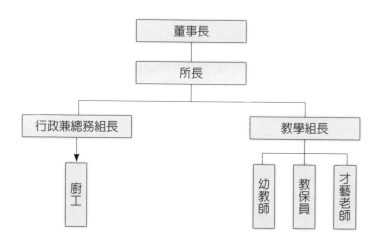

圖5-5　私立幼兒園行政組織系統參考圖（小型機構）

第三節　專業倫理

　　就如同教師要有師德，醫生要有醫德，兒童教保服務工作也有其獨特需要遵守的職業道德，這是兒童教保服務工作作為一種職業區別於其他專業的本質特徵的反映，更是兒童教保服務工作專業價值觀的具體表現。

　　由於國情和發展領域之不同，兒童教保服務中有關教育與保育之不同，加上各國對於兒童教保照顧體系之職業道德規定也各有不同，但仔細推敲，其中仍有相當一致的看法。兒童教保服務這個專業，如同社會工作者的角色，其應符合社會工作職業道德的具體規定。

一、社會工作之職業道德基本要素

　　具體分析，社會工作職業道德之基本要素可歸納如下五點：

1. 責任心：即社會工作者必須以社會與個人的福利和發展為己任；兒童教保服務工作者之主要責任即是要考量兒童的最佳利益。
2. 道德原則：社會工作者必須恪守職業道德，對案主（兒童）有責任，並為他們守密。
3. 尊重原則：社會工作者必須尊重他人，同理他人並設身處地為他人著想，必須尊重案主的自決權利（培養兒童獨立自主的能力），讓案主有其獨特之處。
4. 平等：社會工作者服務他人與社會，不因種族貧富、性別等因素而有差別待遇。

5.合作：社會工作者之間、社會工作與其他專業應相互合作，為案主謀取最大福祉，並提升工作效能。

二、兒童教保工作之專業準則

另就以一專業教育者的角色，其應努力達到最高的專業標準和高品質的目標，為達到此一目標，兒童教保服務工作者更應具備下列的專業準則：

1.態度：真誠對待孩子，給予孩子及工作夥伴正向積極的援助，並且樂意謀求兒童最佳利益。

2.進取的精神：創新、進取、並真誠擁護孩子的權利及利益，積極地為孩子服務。

3.保密性：對於孩子及其家庭的內在與外在的溝通訊息和評語，應給予保密。

4.衣著打扮：須配合禮儀，除非有特別的規定，否則穿著打扮應適合工作性質及機構，合宜的衣著打扮可獲得孩子們的尊敬。

5.尊重：作最佳的決定，站穩立場，親切的解釋，對孩子尊重，對工作夥伴尊敬，相對地，你將也會獲得別人的尊敬及喜歡。

6.責任感：對個人的工作態度和任務負責。

7.同情心：給予兒童同情心，但並不意味寬容，瞭解兒童需求，並伴隨對兒童的照顧和關懷。

8.遵守倫理守則：

　(1)Pickett（1993）提出兒童教保服務專業人員應遵守下列守則：

　　・對所有私人訊息保密，並對兒童、青少年和他們家庭作

教育的記錄。

・尊重兒童、青少年和他們家庭的人權和合法性。

・根據行政區域或機構政策以保護兒童和青少年的健康、安全和幸福感。

・能夠辨別各種不同角色教育人員的職責。

・跟隨主管的指示,並且輔以其他觀察行事。

・保持出席紀錄的規則,依指定的時間到達,如果不能出席,應及早通知學校人員。

・對不同文化和個別的兒童和青少年表示尊重。

・表現忠貞、信賴、真誠和其他標準的倫理守則。

・根據命令和不同的行政程序辦事。

(2)Katz及Ward(1978)也提醒我們,在任何專業領域中,案主對實務工作人員關係愈不具權威性,專業倫理更顯得重要。也就是說,這種專業倫理守則就是要防止專業人員對案主(兒童)有權力的侵犯,尤其在教保機構中,教保人員的照護對兒童之心理及物質資源價值中具有真正實質的權力。因此,在對兒童進行托育照顧時,教保人員是擁有令人敬畏的責任和特權,所以遵守倫理守則是堅持追求高品質教保工作所不容忽視的。

三、專業教保人員應具備之條件

而從一專業教保人員的角色,美國幼兒教育協會(NAEYC)也列有專業人員應具備的四個條件:

(一)具有專業的知能

美國教師教育協會（Association of Teacher Educators, ATE, 1985）主張學前教育人員之課程，應包括：

1. 要有多種社會科學的知識背景，使學員能夠從兒童的活動中，看出學習的契機。
2. 要懂得遊戲對兒童發展的重要性，也要會用遊戲帶領孩子的發展。
3. 要習得兒童發展理論，以及在實際情形上的意義。
4. 要瞭解家庭對兒童發展的重要性，尊重各個家庭的獨特性及價值，而且有與家長溝通互動的技巧。
5. 要能夠與人協調、合作、分享專業成長，並能夠反應在同事合作關係。

(二)提供專業服務品質

運用可靠的專業知識及見解來做判斷，其目的著眼於兒童長遠之發展利益。除知能提升外，尚包括人格特質、工作態度、穩定的情緒、創造力、愛心、耐心、易與人相處、強烈與幼兒相處的意願、精力與時間之投入。

(三)專業的主動參與

主動尋求各種相關資源（如信誼基金會、兒童福利中心、各地文化中心或博物館），參與教保專業組織（如幼教協會、教保協會、社會工作專業協會等）。

(四)具有教保專業倫理

1.凡事以幼兒的利益為優先。
2.積極維護幼兒應有的權利，如隱私權。
3.不以任何理由傷害幼兒的身心發展。
4.教幼兒正確的事。
5.公平對待每位幼兒。

四、「幼兒教師專業守則」十六條

相對於美國，國內兒童福利學者謝有文提出「幼兒教師專業守則」十六條，如下：

1.秉持教育理念，肯定工作價值。
2.忠於職守規約，積極主動參與。
3.維護兒童權益，確保兒童安全。
4.尊重啟發兒童，公平教導兒童。
5.均衡課程設計，做好教學準備。
6.照顧全體兒童，兼顧個別差異。
7.重視園家關係，加強親職教育。
8.審慎處理問題，保守兒童資料。
9.樂觀進取自信，身教言教並重。
10.規律生活作息，保持身心健康。
11.不斷進修成長，重視研究發展。
12.虛心接受意見，樂於稱讚別人。
13.講求組織和諧，愛護團體榮譽。
14.重視經驗傳承，建立具體資料。

15.善用社會資源，心存關懷感念。

16.開闊眼光見識，堅持慈幼理想。

五、教保機構管理者應具備之專業倫理

台南第六公立幼稚園園長王立杰更從教保機構管理者的角度，認為教保機構管理者應扮演的角色為：(1)計畫者；(2)決策者；(3)溝通者；(4)協調者；(5)領導者；(6)激勵者；(7)考核者；(8)公關者。而教保機構管理者要具有下列專業倫理：

1.以兒童利益為考量。

2.尊重教保人員之教保自主權。

3.瞭解托育相關法規，依法行事。

4.領導民主化、公開化。

5.參與社區聯絡，負起社會教育之責任。

6.不斷進修，吸取新知。

六、兒童教保服務專業倫理價值觀之培養

教保服務工作者已有立法規定並正式成為一種專業，在教保服務專業教育中，專業倫理價值觀的養成是一種重要的工作。兒童福利開宗明義即定義所有兒童福利工作者應以兒童最佳利益為考量，尤其對這些身心尚未成熟、缺乏自主能力的主人翁，教保服務工作人員恪守專業倫理守則就顯得更為重要。

近幾年來，台灣幼兒的教保人員的專業化已漸受到關切，我們可從幼兒園老師的資格標準提升，以及過去兒童福利專業人員（如保育員、助理保育員）主管資格要點訂定及培訓，瞭解這個專業已持續在發展中。在社會變遷中，吾人可發現教保服務不斷地在

改變，教保人員必須要跟得上時代。教保服務工作專業價值觀的培養及專業倫理的恪守，是未來的教保人員教育及發展中應融為一體的，這也是教保理論為實務的融合。未來兒童教保服務之專業倫理價值觀的培養應從下列三方面著手：

(一)兒童教保服務理論的指導與教育

兒童教保服務不是本著具有愛心、耐心，對兒童「有做即好」的照護行為，或本著人道及慈善心即可；教保服務是一門專業，其凝聚了兒童教保專業理論之深層思考，並本著兒童發展理論基礎，採用專業技能來為兒童謀取最佳的成長與發展。兒童教保服務專業價值觀是專業人員對兒童、家庭、社區本質的理性思考，這種專業不能只靠感性、個人經驗來建立，而是應藉由理論之指導，再加上個人實務的聯合，幫助這些正欲從事這門領域的工作者進一步認識及接受此種專業價值觀。

(二)落實實務的實踐

專業倫理價值觀必須靠不斷地、反覆地實踐，並成為個人思維及行為之定性（habituation），專業行為才能得以發揮。在專業價值觀培養過程中，力行實踐是不可少的。

(三)發揮自我不斷地再教育之功能

時代在變遷，充實技能是必要的，教保人員應學習更多有關自己及教學的知識，以各種不同方法來跟上潮流。教保服務工作價值觀教育不能是被動的、灌輸的，相對地，要發揮主動及自我教育的功能。教保人員的進修，如會談、工作坊、教學觀摩、開研討會，都可以協助教保人員增進教保品質。

兒童教保服務主要工作是照顧與教育，這是一門要求有道德行為的複雜工作與專業，身為教保人員除了要擁有專業的知能之外，還必須具有專業價值觀及服從各專業所規範的專業倫理守則，以確保教保的品質，進而為孩子謀取最佳的利益與福利。

參考文獻

Association of Teacher Educators (1985). *Developing Career Ladders in Teaching*. Reston, VA: Author.

Katz, L. G. & Ward, E. H. (1978). *Ethical Behavior in Early Childhood Education.* Washington, DC: NAEYC.

Pickett, A. L. (1993). *Improving the Performance of Paraeducators in the Workforce: A Technical Assistance Manual for Administrators and Staff Developers.* New York: Center for Advanced Study in Education.

陳素珍（2000）。〈幼稚園與托兒所的人事管理〉。輯於蔡春美、張翠娥、陳素珍著，《幼教機構行政管理：幼稚園與托兒所實務》。台北：心理。

第六章

兒童教保機構總務行政

- 事務管理
- 文書管理
- 財務管理
- 幼兒教育券及托育補助

　　兒童教保機構除了人事制度中的人事規章、工作契約、工作人員基本資料、打卡單、行事曆、課程表外,再來便是日常的事務管理,包括財物管理(如消耗物品管理、財產清冊)、庶務管理(如危機處理通報與紀錄、設施安全檢查、集會管理),以及文書管理和財務管理等。

第一節　事務管理

　　園所事務包羅萬象,日常中發生的事務,包括財物管理、庶務管理等。園所人員有限,園所之事務管理常由教保人員兼任,故行政事務管理有效率,必然可節省教保人員人力負擔,全心全力執行教保工作。

一、財物管理

　　財物管理係指園所內之財產及物品加以有效分類及管理,以方便使用、補充及控制。每個園所有其一套自行的管理系統,有些人達到e化的管理,有些人用傳統卡片建制,如何達到有效管理是一門藝術,也是一套科學化方法。

　　首先園所應先將財產登記,並依財產種類分類並給予編號,然後製作成財產目錄(**表6-1**至**表6-3**)。

表6-1　幼兒園設備財產表1

項目	名稱	數量	單價	採購總價	備註
A所舍設備	A1活動室＋ A2廁所＋ A3盥洗設備	5	150,000	750,000	依編號辦理財產登記，並製作財產卡
	A4辦公室	2	30,000	60,000	
	A5藝能遊戲區	1	100,000	100,000	
	A6保健室	1	15,000	15,000	
	A7工盥洗設備＋廁所	2	9,500	19,000	
	A8廚房	1	100,000	100,000	
B辦公用具	B1辦公桌	2	1,500	3,000	
	B2文書廚	8	1,000	8,000	
	B3文具		5,000	5,000	
	B4電腦	2	30,000	60,000	
	B5接待桌椅	1	6,000	6,000	
C教具	C1幼兒課桌椅	7	4,000	28,000	
	C2掛圖	2	700	1,400	
D運動器具	D1攀爬架	1	2,500	2,500	
	D2滑梯	1	3,000	3,000	
	D3球池	1	4,000	4,000	
E玩具	E1幼兒積木	2	1,800	3600	
	E2大龍球	2	800	1,600	
	E3小汽車	2	1,200	2,400	
	E4搖搖馬	2	1,200	2,400	
	E5其他教具		150,000	150,000	
F硬體	F1單槍投影	1	20,000	20,000	
G水電配管	G1水電配管		50,000	50,000	
H廚房用具	H1各類用具		3,000	3,000	
I照明設備	I1電燈	30	200	6,000	
J寢室設備	J1保健床被枕頭	1	1,000	1,000	
K硬體設備	K1全所舍裝潢		1,000,000	1,000,000	
合計				2,404,900	

表6-2　幼兒園設備財產表2

財產名稱	規格型式說明	單位	數量	價格	購買日期	使用年限	備註
冷飲機	偉志牌	台	1	20,000	99.1.20	8	辦公室使用
飲水機	偉志牌	台	4	5,000	99.1.20	5	每班教室各1台
康樂設備	塑鋼遊戲器具組	組	1	40,000	99.2.22	10	戶外遊樂器
時鐘	萬年曆	個	5	10,000	99.2.22	5	辦公室及各班教室
擴音機	大通	部	5	10,000	99.2.22	5	辦公室及各班教室
數位相機	國際牌	台	5	10,000	99.2.22	5	辦公室及各班教室
收錄音機	國際牌CD卡式錄音機	部	5	3,000	99.2.22	5	辦公室及各班教室
護貝機	A3護貝機	台	1	10,000	99.2.22	10	辦公室
DVD	國際牌	台	5	2,000	99.2.22	5	辦公室及各班教室
投影機	國際牌	台	1	20,000	99.2.22	5	
電腦	華碩	套	6	30,000	99.2.22	5	辦公室2套及各班教室各1套
印表機	國際牌	台	2	2,000	99.2.22	3	辦公室
影印機	國際牌	台	1	50,000	99.2.22	5	辦公室
電視	國際牌	台	5	15,000	99.2.22	5	辦公室1台及各班教室各1台
桌	辦公桌	張	10	5,000	99.2.22	10	辦公室6張每班教室各1張
椅子	辦公椅	張	10	1,000	99.2.22	3	辦公室6張每班教室各1張
桌子	小課桌	張	40	2,000	99.2.22	3	每班教室各10張
椅子	小課椅	張	100	500	99.2.22	3	
教具櫃	木材訂製	組	5	2,000	99.2.22	5	辦公室及各班教室
儲藏櫃	木材訂製	組	5	2,000	99.2.22	10	辦公室及各班教室
吊扇	國際牌	架	20	1,000	99.2.22	5	辦公室及各班教室各4架
電扇	國際牌	架	2	1,000	99.2.22	5	廚房用
監視機		組	1	10,000	99.2.22		戶外
擴音器		組	1	100,000	99.2.22		
白板		面	5	2,000	99.2.22		辦公室及各班教室

表6-3　幼兒園設備財產表3

編號	兒童書籍名稱	單位	數量	單價	備註
	世界經典童話選集（全套20書＋20CD）	套	1	4,500	大班
	漫畫中國歷史（全套22書）	套	1	3,500	大班
	爆笑三國志1─桃園三結義	本	1	350	大班
	世界寓言故事精選（12書＋12AVCD）繪本	套	1	4,500	大班
	魔法夜光書─動物歷險記	本	1	300	大班
	大不列顛兒童百科（全套10本書）	套	1	2,500	大班
	史前動物大滅絕	本	1	300	大班
	安徒生童話精選	本	1	250	大班
	新IQ大挑戰─魔法師的冒險（全套3本）	套	1	1,000	大班
	讀經典學作文─小公主	本	1	200	中班
	穿越時空遊中國	本	1	250	中班
	少年偵探隊─國際中文版（8書）	套	1	2,000	中班
	讀經典學作文─小婦人	本	1	180	中班
	讀經典學作文─秘密花園	本	1	180	中班
	心靈啟發故事繪本─米粒儿歷險記	本	1	180	中班
	誰害怕大壞狼呢？	本	2	220	小班及幼幼班
	誰害怕老鼠呢？	本	2	220	小班及幼幼班
	誰害怕暴風雨呢？	本	2	220	小班及幼幼班
	誰害怕噴火龍呢？	本	2	220	小班及幼幼班
	誰害怕黑暗呢？	本	2	220	小班及幼幼班
	世界寓言故事精選（12書＋12AVCD）繪本	套	2	2,000	小班及幼幼班

　　一般財產管理之程序為財產編號，接著登記製作卡號，再來就是依財產使用之增減再做總表，以便利年終盤點，達到有效管理（**表6-4**、**表6-5**），物品管理可分為採購與管理，其流程參考**圖6-1**及**圖6-2**。園所物品依各行政部門之需要填寫請購單（**表6-6**），再依規定報組長及所長作決策，在一定金額（通常以一萬元為限），由主管部門逕行辦理，超過時再依程序辦理。總務之管理為驗收、保管及核發。而進貨時又可分為消耗或非消耗品之分類，申請

報廢汰換亦要呈報相關單位核准，予以變賣、再利用或銷毀（圖6-3），如需維修也需報備處理，亦填寫紀錄單（**表6-7**）。

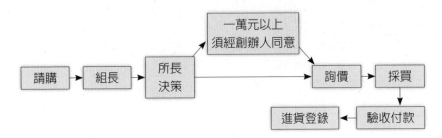

圖6-1　幼兒園採購流程

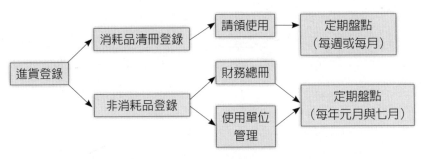

圖6-2　幼兒園總務管理流程

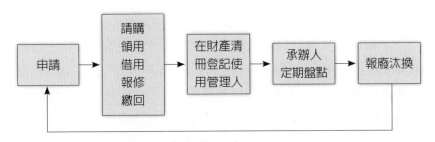

圖6-3　財產與非消耗物品運用流程

表6-4　幼兒園財產（物品）清冊

類別：＿＿＿＿＿＿＿＿＿＿×××＿＿＿＿＿＿＿＿＿＿

財產編號	財產名稱	型式或規格	數量	單價	總價	購置日期	使用年限	置放處	管理人	備註

承辦人：　　　　　　　所長：　　　　　　　創辦人：

備註：清冊中財物類別可視需要再細分層次。

表6-5　幼兒園財產（物品）卡

○○幼兒園財產（物品）卡			
財產名稱			
財產編號			
購置日期		使用年限	
置 放 處			
價　　值			
經費來源			
備　　註			

表6-6　幼兒園物品使用申請單

□請購　　□領用　　□借用　　□報修　　□繳回

日期	品名	型式或規格	用途說明	數量

申請人：　　　　承辦人：　　　　　所長：　　　　　創辦人：

表6-7　幼兒園設施設備維修（保養）紀錄

類別：　　　　　　　　　　　　　　　　　　　　　　　　頁次：

日期	項目	狀況說明	處理情形	維修費	維修者

備註：將所內各項設施設備維修（保養）時分類記錄，以方便查核。

二、庶務管理

(一)安全管理

　　園所庶務管理係指園所內部之管理，如辦公室、廚房、交通等，最重要的是安全管理。幼兒園會不定時檢查設施設備並填寫紀錄表（**表6-8**至**表6-11**），以便庶務之管理。在安全管理上，包括園所天災及人為之安全維護，除了有安全人員配置之外，最重要的是心存警戒，定期安檢。園所應制定安全管理原則，如制定通報流程（**圖6-4**），明定負責安全之人員。劃分權責，並制定處理要領（**表6-12**）。園所人員應依處理要領作訓練及演習，以確定萬一有事故產生，能不慌不忙，按處理程序執行。萬一有事故傷害產生，也應在第一時間作危機處理，並交由園長作發言人，並填寫事件處理紀錄單（**表6-13**）。**表6-14**至**表6-17**提供一些幼兒園健康管理表格，以利幼兒園做好幼兒健康管理。有萬全之準備，戒慎小心因應，才能減少傷害。

表6-8 幼兒園設施設備檢查紀錄表

隨機檢查： 年 月 日　　　　　　　　定期檢查： 年 月 日

項目	項次	檢查內容與應注意要點	檢查結果		修復情形	備註
			正常	損壞狀況		
(一) 門	1	門板完整，使用正常				
	2	軌道順暢，鉸鍊正常				
	3	門鎖正常				
	4	保全設備正常				
	5					
(二) 窗	1	窗框完整，使用正常				
	2	玻璃完整				
	3	紗窗完整				
	4	軌道順暢				
	5	保全設備正常				
	6	鎖（栓）正常				
	7					
(三) 牆	1	外牆無剝落、裂縫現象				
	2	內牆無剝落、滲水現象				
	3	動線瀕臨牆角防護措施完整具功能				
	4	圍牆無裂縫、傾斜、穩固				
	5	牆面附加物適當、安全				
	6					
(四) 水電	1	安全開關正常				
	2	裸露在外之線路，絕緣良好				
	3	水管及水龍頭無漏水現象				
	4					
櫥櫃 桌椅	1	尖角防護完整				
	2	穩固牢靠、不晃動、傾倒				
	3	表面及邊緣完整平滑				
	4	功能正常、無故障				
其他	1					
	2					

檢查人員：　　　　　　組長：　　　　　　　所長：

說明：每日巡查環境一次，以「V」或「X」註記是否正常，有損壞立即向社工組
　　　報修處理。

表6-9　幼兒園環境清潔衛生考核表

考核日期：　　年　月　日

項目 ＼ 地點	視聽活動室	辦公室	娃娃家	洗手間	陽台	體能遊樂場	廚房	寢室	接待室	圖書室			備註
01.地面													
02.桌椅													
03.教具櫃													
04.睡板													
05.鞋櫃		/	/	/	/				/				
06.壁櫃													
07.洗手台		/	/	/					/				
8.燈具清理													
9.電話													
10.門窗													
11.天花板													
說明	1.本考核表由護士或負責人員每週至少一次隨機檢查並填寫。 2.本考核表以：○表良好　△表應立即改善　／表該地點無該項目。												

考核人員：　　　　　　　組長：　　　　　　　所長：

表6-10　幼兒園防火避難設施自行檢查紀錄表

年　月　日

項目	檢查重點	檢查結果	改善作法
防火避難設施	1.安全門（防火門）之自動關閉器動作正常。	□符合　　□不符合	
	2.防火鐵捲門下之空間無障礙物。	□符合　　□不符合	
	3.樓梯不得以易燃材料裝修。	□符合　　□不符合	
	4.安全門、樓梯、走廊、通道無堆積妨礙避難逃生之物品。	□符合　　□不符合	
	5.安全門無障礙物並保持關閉。	□符合　　□不符合	
	6.安全門未上鎖。	□符合　　□不符合	
	7.樓梯間未當作賣場使用。	□符合　　□不符合	
	8.賣場內之避難通道有確保必要之寬度。	□符合　　□不符合	
	9.場所內、包廂內及客房內設有避難逃生路線圖。	□符合　　□不符合	
防火管理人簽章		管理權人處置情形及簽章	

表6-11　幼兒園消防安全設備檢查紀錄表

場所名稱				地址					電話	
檢查時間		負責人	姓名			出生日期			身分證字號	
			戶籍地址							
建築物使用執照：				建築物總樓層	地上　　層/地下　　層			統一編號		
營業事業登記證：				檢查樓層面積		m²		公司名稱		
檢查單位				地址			電話		檢查人員姓名	

□滅火器　　　　　　　□室內消防栓　　　　　　□火警自動警報設備　　　　□緊急廣播系統
□避難器具燈　　　　　□室內排煙設備　　　　　□緊急照明設備　　　　　　□出口標示燈
□採水設施　　　　　　　　　　　　　　　　　　□避難方向指示燈（標）　　□其他

項別	項目	檢查不符內容	項別	項目	檢查不符內容
滅火器	□符合 A□藥劑過期 B□配件損壞 C□數量不足 D□壓力不足 E□其他		火警自動警報設備	□符合 A□受信機故障或損壞 B□探測器拆除或損壞 C□探測器被油漆或脫落 D□手動報警機故障 E□報警標示燈故障 F□火警警鈴故障 G□其他	
室內消防栓	□符合 A□泵浦組件故障 B□箱內裝備不足或損壞 C□消防栓箱被遮蓋 D□水壓不足 E□送水口損壞 F□未設送水口標示字樣 G□底器故障 H□其他		緊急廣播系統	□符合 A□故障或拆除 B□無法緊急廣播 C□音量不足 D□未設鋼質導線管 E□其他	
避難器具燈	□符合 A□故障或拆除 B□開口封閉 C□遮蔽形成使用障礙 D□標示脫落或拆除 E□其他		緊急照明設備	□符合 A□故障 B□拆除 C□擅設分路開關 D□其他	
室內排煙設備	□符合 A□排煙機故障 B□排煙口故障拆除或遮蔽 C□連動用探測器損壞或拆除 D□排煙受信機故障 E□排煙進風量不足 F□其他		出口標示燈	□符合 A□故障 B□拆除 C□未設於安全門上方 D□其他	
採水設施	□符合 A□採水口損壞或未標示 B□採水泵組件故障 C□採水泵水壓不足 D□採水泵啟動裝置故障 E□其他		避難方向指示燈（標）示燈	□符合 A□故障 B□拆除 C□脫落 D□其他	
			檢查人員簽章		

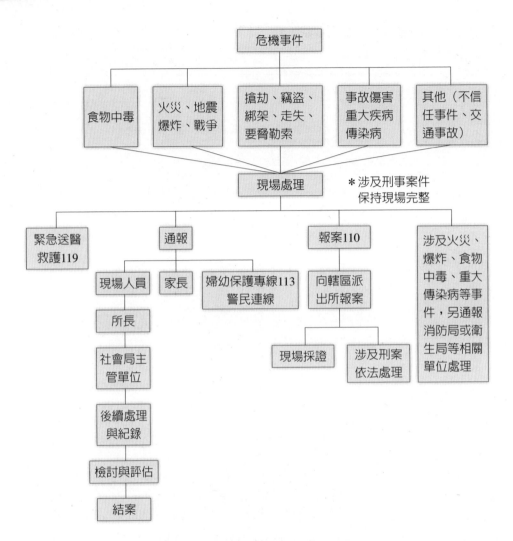

圖6-4　幼兒園危機處理暨通報流程

表6-12　幼兒園危機事件處理要領

狀況	處理方法
1.火災	・通報組及滅火組至少各一人查明火災地點，火勢大小。 ・火勢小時，立刻以滅火器撲滅。 ・火勢已延燒到天花板時，應即停止滅火，儘速往安全之場所避難，最後關閉防火門。 ・緊急播音告知全所人員並協助逃生：「各位同仁、小朋友：現在托兒所＊＊處失火請不要緊張，跟隨你們班上的老師及阿姨排隊離開托兒所，不可推擠、奔跑，以免跌倒。」 ・人員疏散後即前往約定之安全集合地點集合（選擇離托兒所200公尺內之空曠地點）。 ・依「消防防護計畫」，執行防災工作。
2.地震	・迅速關閉瓦斯及火源，打開大門。 ・提醒同仁及幼兒：不要匆忙往外跑。 ・遠離櫥櫃或鬆動易摔落之物品，切勿靠近窗戶或鑲有大玻璃之門窗。 ・就地掩蔽在堅固之家具或樑柱下。 ・不要用蠟燭、火柴及其他用火，以免瓦斯外洩時發生爆炸。
3.停電	・接獲停電通知，要張貼告示。 ・臨時停電應查明原因，屬於所內線路故障，應及時檢修，儘速恢復供電；屬於電力公司臨時停電，應問明復電時間，轉告同仁及幼兒，並作適時的活動安排。 ・暫時關閉所內電源開關及各種電器設備，待恢復供電後再開啟。 ・巡視所內，防止偷竊或破壞發生。 ・短時間內無法恢復供電，且天色已暗，光線不足，請家長接回，並電話通知社會局兒福科報備，以策安全。 ・電話告知保全公司，作巡邏保安處理。 ・要作紀錄，隨時反應狀況。
4.停水	・接獲停水通知，應作儲水準備。 ・臨時停水，應查明原因，儘速修復，如會影響幼兒衛生安全，應請家長作暫時停托的配合。 ・將狀況向主管單位報備。
5.托兒所所舍嚴重毀損	・劃定危險區域，製作標示，區隔活動區域並通報所內。 ・儘量查明原因，拍照存證並請主管單位協助處理。 ・於報備後作適時修復工作。

（續）表6-12 幼兒園危機事件處理要領

狀況	處理方法
6.其他 　(1)幼兒、家長或所 　　內人員意外傷 　　害或疾病發作	・由護士先做初步處理，需送醫者立即送醫。 ・通知家屬。 ・詳細紀錄。
(2)發現可疑物品	・切勿移動物品，迅速聯絡警察機關處理，並拍照存證。 ・封鎖現場，設置警戒範圍，禁止人員接近，搬離附近易燃物品，必要時疏散幼兒。 ・通報119及社會主管單位。 ・迅速聯絡警察機關或119前來處理。
(3)傷害、搶劫、 　　強暴	・遭受化學物品傷害及燙傷，先以水沖後立刻送醫。 ・通報110，並向社會局主管單位報備。
(4)竊盜	・封鎖現場，防止人員破壞，得拍照存證。 ・迅速聯絡警察機關處理。 ・通報社會局主管單位。
(5)陳情請願事件	・瞭解事由、問題、目的、人數及領隊身分。 ・由社工員出面說明、協調及安撫，無法處理時請所長出面，必要時請警方支援。 ・向社會局主管單位報備。
(6)小孩走失	・托兒所門口應於高處另加裝鎖，隨時鎖上防止幼兒自行開門走失。 ・老師隨時注意幼兒人數，發生走失情況即刻尋找，以期在最短時間內找回。 ・若未在所內尋獲，發動所內員工及附近居民協尋。 ・仍未尋獲則通知家長，表達歉意，並一起協尋，另行報警處理。
(7)遊覽車發生事 　　故（戶外教學）	・洽租前應先瞭解車輛是否符合標準，行車執照、駕駛生活習慣等。 ・出發前檢查車輛是否符合標準；前後門、安全門有否堵住、滅火器是否過期。 ・每輛車隨車工作人員應熟知滅火器的使用，另需備有榔頭以防車門打不開時可隨時處理。 ・報警處理。 ・將幼兒安置在安全場所。 ・打電話回所告知情況並通知家長。
(8)食物中毒	・發現現況，由所裡護士做妥善處理，嚴重時立即送醫。 ・查明原因：送檢食物檢體（兩天份）、確認責任歸屬、澈底消毒。 ・主動向家長說明、道歉、追蹤慰問傷患幼兒。 ・向社會局主管單位報備說明。
(9)不信任危機	・瞭解事由、問題所在、消息來源。 ・保持鎮定，穩定所內情緒。 ・主動對上級及媒體澄清，表達所意。 ・尋求各方面支援及支持。

表6-13　幼兒園危機事件處理紀錄表

發生時間	年　月　日　時　分	發生地點	□所內＿＿＿＿＿＿ □所外＿＿＿＿＿＿
事件類別	□疾病：□1.食物中毒　□2.熱痙攣　□3.休克　□4.癲癇　□5.其他 □意外傷害：□1.燙傷　□2.跌傷　□3.骨折　□4.其他 □可疑人物入侵：□1.要脅勒索　□2.綁票　□3.人身侵害　□4.其他 □可疑物品： □幼兒走失： □竊盜： □交通事故： □房舍毀損：□1.本身結構毀損　□2.外來因素毀損 □火災： □地震： □風雨災： □瓦斯外洩：		
事件簡述			
處理情形			
檢討			
紀錄人：　　　　　　組長：　　　　　　所長：			

表6-14　幼兒園健康管理──預防腸病毒、SARS等環境清潔紀錄表

日期	清潔工作項目（請負責人員簽名）										
	玩具	課桌椅	工作櫃 鞋櫃	教室 窗台	冷氣隔 塵網	教室 地板	廁所 廚房	天花板	走廊 樓梯 公共區域	室外 環境	

表6-15　幼兒園量測體溫紀錄表

班級：_____　學號：_____　姓名：_____

日期		星期	體溫 ℃	量測者 簽名	班級老師	日期		星期	體溫 ℃	量測者 簽名	班級 老師
月	日					月	日				

※入園時由值日教保員量測

表6-16　幼兒園託藥紀錄表

班別：

學童姓名	給藥時間	給藥分量	服用情形	餵藥者	備註
	年　月　日 午　時　分	藥水cc. 藥包／粉	□正常服用 □嘔吐 □其他		
	年　月　日 午　時　分	藥水cc. 藥包／粉	□正常服用 □嘔吐 □其他		
	年　月　日 午　時　分	藥水cc. 藥包／粉	□正常服用 □嘔吐 □其他		
	年　月　日 午　時　分	藥水cc. 藥包／粉	□正常服用 □嘔吐 □其他		

表6-17　幼兒園託藥單

姓名：＿＿＿＿＿＿　用藥原因：＿＿＿＿＿＿

用藥日期：＿＿年＿＿月＿＿日。共＿＿天

服用時間：＿＿＿＿　用藥量：□藥粉（粒）各＿＿＿＿包 □藥水各＿＿＿＿cc.

備註：

1.若發燒高於＿＿＿＿℃時給予＿＿＿＿顏色包的退燒藥。

2.班級老師將依上述交待給藥，若無託藥單，為保護學童安全；在任何情況下均不給藥，敬請諒解及配合。

3.其他請家長敘明：

家長簽名：

幼兒服藥委託授權書（存根聯）

幼兒＿＿＿＿＿＿自民國＿＿年＿＿月＿＿日至＿＿年＿＿月＿＿日期間，因身體健康考量，依據醫生囑咐必須服藥，煩請教師協助餵藥。

家長：＿＿＿＿＿＿

日期：＿＿＿＿＿＿

教保人員簽章：

（續）表6-17　幼兒園託藥單

服藥委託授權書（家長收執聯）
幼兒＿＿＿＿＿自民國＿＿年＿＿月＿＿日至＿＿年＿＿月＿＿日期間，因身體健康考量，依據醫生囑咐必須服藥，煩請教師協助餵藥。 　　　　　　　　　　　　　　　　　　　　　　　　家長：＿＿＿＿＿＿＿ 　　　　　　　　　　　　　　　　　　　　　　　　日期：＿＿＿＿＿＿＿ 教保人員簽章：

(二)集會管理

　　幼兒園所的集會管理包括辦理之活動（如母親節、畢業典禮、聖誕晚會等），所務會議等之布置、接待、採購及會議，其過程有：

　　1.籌備。

　　2.分配事務。

　　3.活動之採購、聯繫及資源整合。

　　4.活動後之清理。

　　5.檢討。

第二節　文書管理

　　文書管理係指園務文書處理和有關公務的文件。文書可分為狹義及廣義之文件，前者是政府公布之公文，包括有令、呈、咨、函、公告及其他公文；後者有關處理公務之表件，如報告、通報、收據、會議記錄、計畫書或其他冊簿表件等。

　　一般公文處理程序之流程（**圖6-5**），內容包括有收文、編號登記、分文批辦、擬辦、擬稿、判行、繕打、校對、用印登署、編號

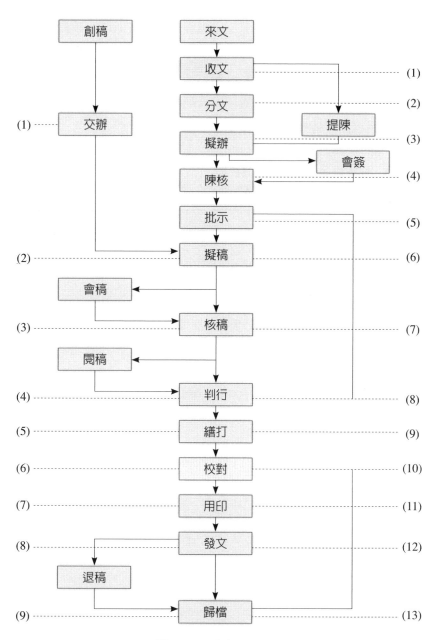

圖6-5　公文處理程序

資料來源：洪五宗（1990）。

登記及封發（文）。簡言之，文書處理包括收入處理、核擬文稿、發文處理及歸檔等四部分。

　　兒童教保機構之行政業務執行，可以運用「來文領取掛號單」，以利行政單位對公文處理之管理及執行進度之瞭解，收發文之承辦內容請參考**表6-18**及**表6-19**。

表6-18　兒童教保機構收文注意要點

流程	權責	承辦內容
收文	承辦人員	1.每日上午或下午下班前至少檢查一次寄來的信件或電子郵件（如托育服務網內的電子郵件）是否為待辦的公務文件。 2.電子郵件中，如係重要文件，應列印下來，視同公文，依收文程序辦理。
登錄、編寫收文字號、保存年限	承辦人員	1.待辦公文應在當日填入收文登記簿內。 2.收到的公文需編號（稱為收文字號），以利未來尋找。該字號可寫在公文頁首左上方「檔號」項內。 3.收文字號是由機構自行設計（舉例如下）： (1)3碼：流水號：001、002…… (2)5碼：加年度的流水號：94001、94002…… (3)6碼：加年度加類別的流水號：94人001……、94總001…… (4)7碼：加年度加月份的流水號：9401001、9412001…… (5)…… 4.公文依性質及重要性自行設定保存年限，過了期限的即銷毀，以免占用空間儲放。
擬定辦理內容、交所長核閱	承辦人員	1.檢查公文主旨及內容，將接續要處理的意見（可參考以下較常用的擬辦內容），寫在公文最後一行（通常為副本）的下一行： (1)擬依規定辦理，文存查。 　※說明：多為主管機關（如社會局、衛生局……）要求配合或辦理的一些事情，只要請相關人員及所長看到內容並配合就可以，不需特別處理的公文。

（續）表6-18 兒童教保機構收文注意要點

流程	權責	承辦內容
		(2)事涉同仁權益，擬傳閱同仁知曉後，文存查。 ※說明：依來文單位的要求，將資訊轉給同仁瞭解（如研習受訓機會……），應待所長蓋章後，就請相關同仁看該公文，並在公文上簽名，再收回歸檔。 (3)擬配合辦理，影印後公布家長參考，文存查。 ※說明：是依來文單位的要求，希望轉知家長（如腸病毒防治訊息）。 (4)擬依〇〇單位要求，填妥附件內容，並於〇月〇日前回覆。 ※說明：依來文單位的要求，填寫附件的資料（如教保人員基本資料），直接回寄該單位。 寄出的資料須留影本附在公文後，如為重要掛號文件，建議將掛號存根聯一併附在公文上歸檔，以備參考。 (5)有關〇〇研習活動，擬請〇〇〇參加（或因〇〇理由不派員參加）。 ※說明：所方要指派人員出席或因故不派員參加相關研習活動，皆應在公文上寫出辦理的情形。 2.如果來文內容是有必要以正式公文回覆的，則請參考後續「發文」部分。 3.寫好擬辦理的內容後，應在字句的下一行(1)蓋章（或簽名)(2)在印章的下方填寫當時的日期（例：0126，即為1月26日簽出）再交給所長核閱。 4.承辦人如果就是所長，也應寫出辦理內容並蓋章（惟可將內容中的「擬」字去除）。 5.來文的內容如有規定時效，應優先辦理（如研習報名表）。
批示、蓋章	所長	1.所長如同意承辦人簽辦的內容，即在承辦人員簽章處的右邊蓋章，同時填上當日日期，再交回承辦人員辦理後續事宜。 2.如有時效性的公文，需儘快交還承辦人，請其在期限內完成簽辦的事項。

（續）表6-18　兒童教保機構收文注意要點

流程	權責	承辦內容
收集歸檔的文件	承辦人員	1.辦理的內容如果是存查的公文，則可依流水號依序放入收文檔案夾內，如有專人負責文書，則可參考後續公文分類，再分別歸入不同類別的檔案夾內，並依收文流水號順序裝訂。 2.備註：不需依來文的單位做分類裝訂（如社會局、衛生局……），以免過於繁雜。
銷毀	承辦人員	1.已超過保存年限的公文檔案，可適時辦理銷毀檔案事宜。 2.抽出已過保存年限的公文，請示所長是否每份皆可銷毀，再將預備銷毀的公文，在原登錄的收文或發文薄上，該筆登錄格中「備註欄」蓋上「已銷毀」章，做記錄後再銷毀，以利未來查詢。 3.如要資源回收或再利用時，須避免文件內沒有個人基本資料（如身分證、電話……）或重要事情。

表16-19　兒童教保機構發文注意要點

流程	權責	承辦內容
擬稿、陳核	承辦人員	1.若來文要求需公文正式回覆的，或因為業務需要，必須主動發文給相關單位的（如進用人員或有離職人員異動，發函給社會局核備……），以主旨、說明等方式寫一份公文的草稿。 2.在草稿的最後一列左下方蓋章（或簽名），在印章下方填寫當時的日期（如0128，意思是1月28日簽好的），再交給所長批示。
批示	所長	1.如同意草稿的內容，即在承辦人簽章處的右邊蓋章，同時蓋上日期，再交回承辦人員辦理後續發文事宜。 2.有需要修改的部分，就直接改在草稿上。 3.如有時效性的公文，需督導在期限內完成並寄出。
繕打、發文字號、日期、校對、用印、發文	承辦人員	1.依所長修改後的內容，打成正式公文，加入發文字號、發文日期。 2.發文字第號也是由所方自行設計： 　舉例：○○托兒所 　(1)8碼：加幼兒園所名稱的流水號：○○字第001號。

（續）表16-19　兒童教保機構發文注意要點

流程	權責	承辦內容
		(2)9碼：加縣市加幼兒園所名稱的流水號：北市○字第001號。
		(3)11碼：加縣市加所別加年度的流水號：北市○字第94001號。
		(4)12碼：加類別加年度的流水號：北市○人字第94001號（94年人事案所發出的第一個公文）或北市總字第94008號（94年總類別的公文所發出的第八個公文）。
		(5)13碼：加年度加月份的流水號：北市○字第9403007號（94年3月發出的第七個公文）。
		(6) ……
		3.檢查公文中的各部分都已修改、沒有遺漏或錯誤。
		4.公文需蓋托兒園所正式圖記（非圓戳章），記得影印一份再寄出（別忘了附件也要印）。
		5.如為重要掛號文件，建議將存根聯附在發文的影本上歸檔，以備參考。
		6.其他一些電子傳出的資料，也盡可能視同發文，並留存。
登錄、收集歸檔的文件	承辦人員	1.在繕打草稿時一方面填寫發文字號，一方面就可將發文的相關資料（如發文單位、事由……）登錄在發文登記簿內。
		2.草稿及發文影本及附件，應裝訂在一起，記得要填保存年限，如有專人負責文書，則可參考公文分類表，分別歸到不同的發文檔案夾內。
		3.由於發文機率較低，資料不會很多，故建議將發文（含發文影本、附件、草稿等）集中在一冊「發文資料夾」內，再依發文流水號順序裝訂即可。不需依發文的單位做分類裝訂（如社會局、衛生局），以免過於繁雜。
銷毀	承辦人員	已超過保存年限的公文檔案，可適時辦理銷毀檔案事宜（參考前述收文部分的銷毀程序）。

一、公文分類及存檔年限

1.公文分類：可參考所內公文的多寡、整理方便等因素，自行
選擇欲分的類別。
  (1)公文數量不多，分收文、發文兩大本資料夾，並以年度區
  別即可。
  (2)自行選擇欲分之類別：一般行政類、教保活動類、衛生保
  健類、補助計畫類、勞保健保資料類……。
2.存檔年限：
  (1)永久：人事資料、法令法規、評鑑資料。
  (2)五年：進修研習、補助經費核發。
  (3)二年：政策公文、活動宣導。

二、收、發文登記簿

收、發文登記簿，可分開爲收文登記簿、發文登記簿各一本，
每年更換；亦可合爲一本爲收發文登記簿，以上簿本皆可到文具行
購買，或參考**表6-20**及**表6-21**提供園所之收文及發文登入表，影印使
用。

兒童教保機構之公文種類繁多，而且其有不同格式，園所可刻
印圖章，以便文書處理及管理（**表6-22**）。

表6-20　幼兒園××年度收文登入表

檔號	收文日期	收文字號	來文機關	文別	事由	辦理情形	附件
99001	2/1	××社五 09330489600	××縣政府社會局	函	身心障礙幼兒其家長教育補助經費	無需申請文存	資料表
99002	2/15	××社五 09330661300	××縣政府社會局	函	發展遲緩兒童療育補助實施計畫	文存	申請表 計畫表
99003	3/20	××衛 09360159200	××縣××衛生所	函	中正區99保育機構業務聯繫會記職場體適能DIY研習會	由張〇〇出席，已報名	報名表

表6-21　幼兒園××年度發文登入表

檔號	發文日期	發文字號	收文機關	文別	事由	附件	辦理情形	備註
99001	1/15	××縣字第9901001號	××社會局	函	陳報新進教保員〇〇〇99/1/4到職	幼保科學歷、身分證影本、體檢表、切結書	99/1/16掛號寄出	（貼掛號單）
99002	2/1	××縣字第9902001	××社會局	函	司機〇〇〇99/1/20離職		99/2/2平信寄出	
99003	3/16	××縣字第9903001	××社會局	函	辦理99年度補助托兒所設施相關事宜	申請書、領據、收據發票、相片	99/3/17掛號寄出	（貼掛號單）

表6-22 圖章種類及用途

圖章總類	機構圖記	圓戳章	機構名稱章直式	機構名稱章橫式	主管簽名章	職名章
用途	正式公文請款	收據收信用印	郵件	填寫表格	公文帳冊憑證	文件通知單評量表格

第三節　財務管理

　　財務管理主要提供園所的財務營運情況,給投資者或行政主管作決策之參考。一般幼兒園的主要經費用於硬體興設及人事費用。財務管理因管理目的之不同,可分為內部及外部管理系統,內部管理系統主要是園所經營管理之系統,而外部管理系統是瞭解園所財務情況及經營成果之評估。其會計之應用主要以成本會計及管理會計為主。目前坊間已有相當多資訊業者設計一些資訊軟體以幫助園所資訊管理系統化。

　　其實園所會計科目簡單,一般可分為收入及支出。收入最主要來源是學費、月費及其他收入,如才藝班、交通或活動、利息等。支出主要是人員薪資、活動費、膳食費、行政費(水、電、維修通訊等)、房舍租用、廣告、利息等。如套用會計術語可以分為流動資產、基金、長期投資、固定資產、無形資產、其他資產、資本、負債、收入、成本、費用等。

一、幼兒園之七項會計內容

　　陳素珍(2000)列舉幼兒園會計內容,包括資產、負債、成本、費用、收入、營業外收入及營業外支出等七項,分列如下:

(一)資產

　　所謂資產是指園所在經營過程中所產生交易或非交易事項所獲得的經濟資源，能以貨幣衡量，並預期未來能提供經濟效益者。依資產性質的差別，又可分為：流動資產、投資及基金、固定資產、無形資產、其他資產及遞延借項等六種。

(二)負債

　　負債是指園所由於過去之交易或其他事項所產生的經濟義務（economic obligation），能以貨幣衡量，而將提供給付經濟資源之方式償付。依負債的性質差別又可分為：流動負債、長期負債及其他負債等。

(三)成本

　　園所在學期運行的過程中，會有些交易，是指在一定期間所銷售之貨品，由進貨到銷售之過程所產生的成本總和，如幼兒的書包、服裝等等銷售產品。依園所不同性質的交易成本可分為：商品銷售成本、通勤服務成本、課程成本、學生餐點成本、學生保險與醫療成本及其他成本。

(四)費用

　　在費用的定義上，係指園所依相關交易或管理活動而發生之各項支出，又可依用途，而分為銷售費用及管理費用兩種。依園所之不同的費用性質可歸類為：一般人事費用、辦公費用、旅運費用、修繕費用、廣告交際費用、保險稅捐費用、損失折舊攤提費用、研究教育訓練及其他費用等。

(五)收入

凡園所因主要交易行為而產生的收入,謂之收入。依園所之不同的收入性質,並將其分類為:商品銷售收入、通勤服務收入、課程學費收入、學生餐點收入、學生保險費收入及其他收入。

(六)營業外收入

係指園所主要交易活動而發生之收入。依園所之不同的收入性質,將營業外收入分類為:股息收入、利息收入、租賃收入、出售資產收入、佣金收入、商品盤盈、兌換盈益、退貨盈益及其他收入。

(七)營業外支出

係指園所主要交易活動而發生之支出。依園所之不同的支出性質,將營業外支出分類為:利息支出、投資支出、出售資產損失、災害損失、商品盤損、兌換虧損、退貨損失及其他損失。

二、會計循環之六大工作項目

幼兒園每日或每月皆有現金出入,故幼兒園的現金收付的會計運作過程就相當重要,一方面便於會計工作處理,另一方面瞭解機構之經營現況。陳素珍(2000)列舉會計循環之六大工作項目:分錄、過帳、試算、調整、結帳及決算報告,分述如下:

(一)分錄

園所交易發生時,即應根據證明交易發生之原始憑證,區分借

貸，衡量金額予以記錄，此一程序稱為分錄（journalizing）。通常利用分錄帳簿或日記簿記錄。

(二)過帳

交易經過日記簿的處理後，再將每一分錄所影響之會計科目，按原金額，原借貸方向加以分類集中，記入各相同帳戶／簿冊，此項工作稱為過帳（posting）。供過帳之用的帳簿稱為分類帳。

(三)試算

分錄經過帳後，再將分類帳中各帳戶之借方總額與貸方總額相抵銷後之餘額，彙總列表，這個作業主要目的是再度確認分錄及過帳之工作是否有誤，此項工作稱為試算（taking trial balance）。供試算作業的帳簿稱為試算表。

(四)調整

會計處理過程，某些帳項，隨著時間之經過，而使得原記載之科目或金額產生變化，為使各帳項能正確表示實況，應定期加以整理、修正，在會計處理過程，此一工作稱為調整（adjusting）。

(五)結帳

每一個會計期間終了，應將交易產生後的各收益及費用帳戶作一清結，以算該期間之盈虧，並列示各資產、負債及園所權益帳戶之餘額，以結轉下期連續記載，此一工作稱為結帳（closing）。

(六)決算報告

會計期間結束，應將期內所有交易之結果彙總列表，以顯示該期間之經營結果。決算表的記錄包括有：損益表、資產負債表、現金流量表及業主權益變動表。

一般幼兒園之興辦本著投資者（經營者）之熱忱，或家庭企業基於關懷幼兒、體恤父母照顧來興辦幼兒園，除了教學硬體及教學品質之提供外，當須考量成本，政府自2002年為鼓勵社區居民辦理自治幼兒園，將函頒內政部兒童局辦理社區自治幼兒園實驗計畫，擇新北市、彰化縣、高雄縣及台中市等四縣市先進行實驗，自2006年再擴大各縣市政府，其計畫目的、督導方式、補助項目及基準與預期效益，請參考**專欄6-1**。

專欄6-1　社區自治幼兒園實施計畫

一、推展社區自治幼兒園之目的

擴大辦理社區自治幼兒園之目的，主要是透過政府補助，結合社區相關資源，以非營利方式建構平等且普及化的托育制度，鼓勵社區或民間團體積極參與，申請辦理托育服務，以建構社區成員共管及利益共享之多元的兒童照顧服務網絡。同時，也建立專業人員和服務使用者（家長）協力的服務模式，使工作人員擁有專業自主地位，並滿足家長對子女在教育及照顧方面需求。除此之外，可落實兒童以社區為基礎的學習模

式，透過社區自治幼兒園之設立，解決目前機構收費過高、服務品質不一、收托時間不符合家庭需求、專業教保人員薪水過低等問題，鼓勵專業教保人員回流職場，同時減輕家庭育兒負擔，鼓勵年輕家長生育子女，並擴大政府托育投資有效提升整體兒童及家庭福祉。

二、實施原則及督導方式

(一)主辦單位事先評估地區環境需求，針對托育資源較為欠缺地區，接洽可利用之學校空餘教室、社區活動中心、公共閒置空間或場所等規劃設立自治幼兒園。

(二)結合社區團體、社區居民、村里鄰長、教保人員或家長等相關資源網絡組成管理委員會，共同規劃與評估社區中家庭托育需求，透過團體的力量支持自治幼兒園的設立。管理委員會組織及運作方式由主辦單位自行訂定。

(三)主辦單位與管理委員會共同決定自治幼兒園之規模、收托時間、收托人數、服務模式、所需設備等。

(四)自治幼兒園應採平價收費標準，並針對單親、低收入及中低收入戶、弱勢家庭等兒童訂定較低收費標準，並以主辦單位轉介之低收入戶、單親家庭、發展遲緩、輕度身心障礙兒童列為優先收托對象。

(五)主辦單位依政府採購法規定辦理自治幼兒園委託計畫。審查程序參考縣（市）政府評選「社區自治幼兒園」承辦單位作業須知參考範例辦理。

(六)自治幼兒園須依相關規定辦理立案並聘用合格專業人員提供服務。依主辦單位核定之實施計畫（含收費標

準及工作人員薪資待遇等）確實執行，並接受主辦單位不定期訪查；委託計畫以二年為一期，期滿辦理評鑑，評鑑績優者得辦理續約二年。

(七)自治幼兒面應定期召開專業人員與社區家長會議，讓專業人員與社區幹部及家長溝通理念與想法；另並定期（每三個月至半年應檢討一次）召開相關諮詢會議，以進行專業督導及成效評估；並將辦理成果陳報主辦單位；內政部兒童局應不定期會同主辦單位評估實施成效。

三、補助項目及基準

(一)修繕費：每平方公尺最高補助新台幣四千五百元。最高補助600平方公尺，每五年最多補助一次。

(二)開辦設施設備費：最高補助新台幣三百萬元，項目為室內外綠化、廚衛、辦公、教保及遊樂設備等。

(三)房屋租金：以運用不需收取租金之公有建築物為原則，如經協調確需祖金，則需符合非營利性質，且每月最高補助三萬元，最多補助三年。

(四)設施設備費：項目為改善公共安全設施（核銷時檢附公安證明文件）、室內外綠化、廚衛、辦公、教保及遊樂設備等。每所最高補助新台幣一百萬元。

(五)專業人員服務費，每所最高補助二年：

1.收托未滿二歲之兒童，每收托五名補助護理人員、教保人員每人每月最高補助一萬元；或補助助理教保人員或保母人員每人每月最高補助六千元。

2.收托二歲以上之學齡前兒童，每收托十五名補助教

保人員每人每月最高補助一萬元；或補助助理教保
　　　　人員每人每月最高補助六千元。
　　3.接受專業人員服務費之人員需符合兒童及少年福利
　　　　機構專業人員資格及訓練辦法規定。
(六)承辦單位未依核定計畫執行者，除依相關法令辦理
　　　外，不得再申辦本計畫，並應繳回已撥發未執行之補
　　　助經費。

四、預期效益

(一)提供平等普及之托育服務以建構完整的社區化學前教
　　　保照顧體系，落實公共托教體系理念以推動公私融合
　　　之社區照護網絡。

(二)提供優質、廉價之非營利托教服務，建構生育及養育
　　　優質環境，提供兼顧育兒與父母就業之友善條件，建
　　　立完善之家庭支持系統。

(三)鼓勵社區人士支持並參與托教服務，建立社區認同
　　　感，透過逐步建構社區共管且利益共享之托育服務網
　　　絡，滿足家長的需求並提升幼兒托育服務品質。

資料來源：內政部兒童局（2000）。

　　　過去以來，經營幼兒園被視為一種商業或企業，但面臨物價上
漲、專業化要求，加上少子化，經營成本不斷提高，也迫使一些幼
兒園受利潤因素之影響而被迫選擇休園或轉行。**專欄6-2**提供一社區
幼兒園以六年營運為例之成本計畫，以供未來想經營此一園地之幼
教經營者參考（但宜考量選址、空間及人事要求等，此外，成本控
制及流動是本專欄要提供之重點）。

專欄6-2　幼兒園六年經營計算之成本試算

六年度營收預估表

年度預估	預收人數	註冊費	月費	合計	備註
第一年	65	25,000*2*65 =3,250,000	9,000*12*65 =7,020,000	10,270,000	每學期註冊費25,000元，月費9,000元
第二年	70	25,000*2*70 =3,500,000	9,000*12*70 =7,560,000	11,060,000	
第三年	75	25,000*2*75 =3,750,000	9,000*12*75 =8,100,000	11,850,000	
第四年	80	25,000*2*80 =4,000,000	9,000*12*80 =8,640,000	12,640,000	
第五年	85	25,000*2*85 =4,250,000	9,000*12*85 =9,180,000	13,430,000	
第六年	90	25,000*2*90 =4,500,000	9,000*12*90 =9,720,000	14,220,000	

PS：以自費幼兒為例，只補算五歲幼兒免學費。

六年人事費用試算（以一年度為例）

職稱（以年計）	本薪＋交通＋全勤	勞健保費＋勞退6%	年終獎金	節日禮金	合計
所長	420,000	5,714	17,500	3,000	446,214
護士	420,000	5,714	17,500	3,000	446,214
保育員（4人）	276,000	3,680	11,500	3,000	294,180
助理保育員（2人）	228,800	2,958	9,500	3,000	244,258
行政	240,000	3,098	10,000	3,000	256,098
廚工	216,000	2,820	9,000	3,000	230,820

年度人事預算總結（第一年）：
所長*1人=446,214元
護士*1人=446,214元
保育員*4= 1,176,720元
助理保育員*2人=488,516元
行政*1人=256,098元
廚工*1人=230,820元　　　　共計：3,044,582元

年度活動預算（一年度）

活動名稱	場地費	活動經費	教師午餐費
畢業典禮	20,000	70,000	900
聖誕節	社區免費提供	50,000	900
萬聖節	社區免費提供	5,000	900
母親節	20,000	20,000	900
兒童節	校內	13,500	900
戶外教學		20,000	900
農曆新年	校內	2,500	900
每月耗材	5,000×12=60,000		
合計：287,300元			

設施年度維修預算（一年度）

項目	維修	翻新	其他
教室硬體	10,000		
辦公室硬體	10,000		
廚房硬體	5,000		
裝潢類		80,000	
水電配管	20,000		
廁所設施	10,000		
安全設施		50,000	
遊具	50,000		
合計：235,000元			

其他年度預算（一年度）

項目	金額
消防設施／申報	20,000
產物險公共意外險／火災險／雇主補償責任險	36,000
食品費用	50,000×12＝600,000
水電費	水費：1,500×6＝9,000 電費：15,000×6＝90,000
通訊費	12,000×12＝144,000
合計：899,000元	

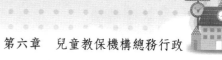

幼兒園財產表

項目	名稱	數量	單價	總價	備註
所舍設備	活動室＋廁所＋盥洗設備	5	150,000	750,000	
	辦公室	2	30,000	60,000	
	藝能遊戲區	1	100,000	100,000	
	保健室	1	15,000	15,000	
	員工盥洗設備＋廁所	2	9,500	19,000	
	廚房	1	100,000	100,000	
辦公用具	辦公桌	2	1,500	3,000	
	文書廚	8	1,000	8,000	
	文具		5,000	5,000	
	電腦	2	30,000	60,000	
	接待桌椅	1	6,000	6,000	
教具	幼兒課桌椅	7	4,000	28,000	
	掛圖	2	700	1,400	
運動器具	攀爬架	1	2,500	2,500	
	滑梯	1	3,000	3,000	
	球池	1	4,000	4,000	
玩具	幼兒積木	2	1,800	3,600	
	大龍球	2	800	1,600	
	小汽車	2	1,200	2,400	
	搖搖馬	2	1,200	2,400	
	其他教具		150,000	150,000	
硬體	單槍投影	1	20,000	20,000	
水電配管	水電配管		50,000	50,000	
廚房用具	各類用具		3,000	3,000	
照明設備	電燈	30	200	6,000	
寢室設備	保健床被枕頭	1	1,000	1,000	
硬體裝潢	全所舍裝潢		1,000,000	1,000,000	
合計				2,404,900	

六年損益表

本所開辦資金1,500萬（年利息6%，首年度利息900,000為例）

第一年

項目	金額
開辦費	2,404,900
房租	房租押金160,000元（二個月） 每月租金80,000×12月＝960,000
廣告費	150,000
人事費	3,044,582
活動費	287,300
維修翻新費	235,000
其他類（公共事物＋水電＋食品＋通訊）	899,000
首年度利息	900,000
合計支出	9,040,782
首年度淨收入	10,270,000
結餘	10,270,000－9,040,782＝1,229,218
營運結果	1,229,218

PS：每月租金80,000，只能在鄉村或較偏遠地區，但需考量幼兒招生及場地空間需求。

第二年

項目	金額
房租	每月租金80,000×12＝960,000
廣告費	150,000
人事費	3,044,582
活動費	287,300
維修翻新費	235,000
其他類（公共事物＋水電＋食品＋通訊）	899,000
次年度利息	750,000
合計支出	6,325,882
次年度淨收入	11,060,000
結餘	11,060,000－6,325,882＋1,229,218 ＝5,963,336
營運結果	5,963,336

第三年

項目	金額
房租	每月租金80,000×12＝960,000
廣告費	150,000
人事費	3,044,582
活動費	287,300
維修翻新費	235,000
其他類（公共事物＋水電＋食品＋通訊）	899,000
本年度利息	600,000
合計支出	6,175,882
本年度淨收入	11,850,000
結餘	11,850,000－6,175,882＋5,963,336＝11,637,454
營運結果	11,637,454

第四年

項目	金額
房租	每月租金80,000×12＝960,000
廣告費	150,000
人事費	3,044,582
活動費	287,300
維修翻新費	235,000
其他類（公共事物＋水電＋食品＋通訊）	899,000
本年度利息	450,000
合計支出	6,025,882
本年度淨收入	12,640,000
結餘	12,640,000－6,025,882＋1,637,454＝18,251,572
營運結果	18,251,572

第五年

項目	金額
房租	每月租金80,000×12＝960,000
廣告費	150,000
人事費	3,044,582
活動費	287,300
維修翻新費	235,000
其他類（公共事物＋水電＋食品＋通訊）	899,000
本年度利息	300,000
合計支出	5,875,882
本年度淨收入	13,430,000
結餘	13,430,000－5,875,882＋18,251,572＝25,805,690
營運結果	25,805,690

第六年

項目	金額
房租	每月租金80,000×12＝960,000
廣告費	150,000
人事費	3,044,582
活動費	287,300
維修翻新費	235,000
其他類（公共事物＋水電＋食品＋通訊）	899,000
本年度利息	150,000
合計支出	5,725,882
本年度淨收入	14,220,000
結餘	14,220,000－5,725,882＋25,805,690＝34,299,808
營運結果	34,299,808

六年攤提34,299,808÷6＝5,716,635（平均年營收）

5,716,635÷12＝476,386（平均月營收入）

第四節　幼兒教育券及托育補助

一、政府補助

　　兒童照顧是兒童福利也是一種家庭福利。我國從兒童福利立法以來，除了有了推展兒童福利工作之立據，同時也建構兒童福利行政、編列兒童福利預算，推展兒童福利服務。由於社會快速變遷、家庭結構及功能改變，也衝擊著傳統育兒照顧價值及實質照顧兒童之功能，故政府轉向積極補充家庭功能式微、投效兒童照顧行列。政府除了補助興建公立托育機構，訂定完善托育法規，導引兒童福利建立專業制度並幫助專業人員之養成。此外，為了照顧更多幼童，政府自1995年開辦托育津貼，開始是以低收入戶及家庭寄養幼童就托於各級政府辦理之公立托兒所、社區托兒所或立案之私立托兒所，均補助每名幼童每月新台幣一千五百元，並對清寒家庭優先並免費收托，或享有減半收費之福利。到了2000年為響應陳水扁總統政策，全面實施幼兒教育券（voucher），指對幼兒在就讀公私立托育機構滿五足歲幼兒每學期可抵免學費五千元整，一學年計一萬元整。2011年教育部呼應馬英九總統的幼教五歲免學費教育政策，將補助額度增加，教育部已於2007年8月1日公布「扶持五歲弱勢幼兒及早入學教育計畫」其中免學費計畫分為「免學費補助」及「經濟弱勢幼兒加額補助」等兩項，五歲幼兒入學時即免學費，至家戶年所得新台幣七十萬元以下者，再加額補助其他就學費用；兩項補助合計，就讀公立園所者最高得免費就學，就讀私立園所者，每名幼兒每學期最高得補助新台幣三萬元。各縣市政府針對幼兒提供經濟扶助，惟每個縣市鄉鎮補助標準不同，共通點是要透過資產調查

（means test），也就是服務對象具排富條款。惟台北市政府教育局實施「五歲幼兒免學費補助」方案是例外，並無排富條款之規定，公立幼兒園每學期補助一萬四千元，私立幼兒園每學期補助一萬五千元。

此外，內政部兒童局也放寬○至二歲托育補助，其範圍包括未來相關幼兒保育科系畢業或鄰居保母、祖父母經保母訓練取得結業證書者，送托家長可領取每月兩千元至四千元的托育費用補助，預估一萬一千名幼兒可受惠。

現行保母托育費用補助，以社區保母系統具保母技術士證的保母，所照顧的幼兒父母必須雙就業或單親有就業，依家庭經濟狀況每月補助三千至五千元，每年平均逾兩萬個家庭受惠。擴大補助後，雙薪家庭父母每年綜所稅在20%以下者（淨所得約一百一十三萬元），每月可領兩千元；中低收入戶，每月三千元；低收入戶，每月四千元。

而修正後的補助計畫不僅不影響原先三千元至五千元的托育費用補助，還可讓目前因證照保母難尋無法領取補助的家庭受益，預估此計畫通過後，可增加約一萬名保母加入社區保母系統提供托育服務，托育費用補助受益幼兒數達三萬五千人，較原先增加約一萬一千人。

二、企業托育設施補助

為鼓勵企業辦理支援措施，行政院勞委會特別訂定《托兒設施措施設置標準及經費補助辦法》，雇主新設置托兒措施最高補助二百萬元，更新或改善設施最高補助五十萬元；提供托兒措施最高補助三十萬元。台北市政府另外加碼提供企業設置托兒補助，雇主新設置托兒設施最高補助十五萬元；更新或改善設施最高補助五萬

元；提供托兒設施最高二萬元。

三、其他服務設施

　　為了增加親子設施，台北市政府社會局結合公私立幼兒園、民間團體開辦的「育兒友善園」，提供免費的社區育兒資源，已經各區設立一百八十五處育兒友善園。「育兒友善園」有適合大小朋友參與的活動和服務，包括玩具圖書館、親職講座、教保職訓、兒童發展篩檢、節日活動、臨托等等，大致有四項主要活動場地：場地開放〔玩具圖書館、繪本圖書館、green house、親子活動（親子共讀、園遊會、節日活動）〕、各類親職講座以及發展篩檢與兒童照顧問題諮詢服務。另外，台北市設立了Y17青少年育樂中心、親子館、131FUN心玩親子館，提供市民更多的親子育樂設施。

參考文獻

內政部兒童局（2000）。「社區自治幼兒園補助實施計畫」。台中：內
　　政部兒童局。

洪五宗（1990）。《公文書寫作與處理》。台北：五南。

陳素珍（2000）。〈幼兒園的總務行列〉。輯於蔡春美、張翠娥、陳素
　　珍著。《幼教機構行政管理：幼稚園與托兒所實務》（第一版）。
　　台北：心理。

第七章

社區資源開發與整合

- 社區資源
- 兒童教保機構社區資源調查實例
- 社區資源開發與整合

資源包括人力、物力與財力，社區資源是在社區中運用上述資源藉以滿足期望與達成目標。兒童教保機構之經營品質之三大要素是硬體、人事及方案。硬體是固定的，其受限於選址是空間大小的限制，但總體的園所運作是活的，尤其是外在的人力或行政資源皆有助於照顧方案之執行與運作。本章主要是以幫助園務方案運作中有關社區資源以及其開發與整合。

第一節　社區資源

社區資源廣義是指自然與人文資源來滿足社區居民之生活需求；狹義是指社會福利資源以滿足社會福利體系服務對象之需求。

一、社區資源的定義

社區資源指的是以協助社區解決其問題、滿足其需求、促進其成長的所有動力因素。社區資源可分為人力資源、物力資源、財力資源、組織資源、文獻古蹟資源，以及自然環境資源，分別說明如下：

(一)人力資源

人力資源指的是有助於營造者用來協助社區解決其問題或滿足其需求的個人，例如社區內的人士，包括：親戚朋友、學校師生、社團幹部、社區領袖人物、藝文人士或工廠和企業內的負責人和從業人員等，皆是社區營造的重要人力資源。

(二)物力資源

　　物力資源指的是有助於營造者用來協助社區解決其問題或滿足其需求的物質，例如，活動時所需的工具、器材和物料；或是營造者推動工作所需的設備、房舍、物件等。

(三)財力資源

　　財力資源指的是有助於營造者用來協助社區解決其問題或滿足其需求的金錢，例如活動時所需的經費，以及營造者工作需要的花費等，一般皆是以金錢作為財力資源的代表。活動經費可以來自政府的補助，也可以是活動的收費或是熱心人士和團體的捐獻。

(四)組織資源

　　組織資源指的是有助於營造者用來協助社區解決其問題或滿足其需求的機構和組織，例如，各社區內的社團、工商企業團體、藝文團體、基金會等，皆是社區營造最常使用的組織資源，除此之外，一些學校的輔導室或社會上的非營利機構亦常協助社區活動舉辦，這些皆是從事社區營造時不能忽視的組織資源。

(五)文獻古蹟資源

　　文獻古蹟資源指的是有助於營造者用來協助社區解決其問題或滿足其需求的文獻古蹟資料，例如，有助於社區居民瞭解自己祖先遺產或生活變遷的古物、典籍、舊照片、手稿、建築物等，皆是從事社區營造時不能忽視的古蹟資源。

(六)自然環境資源

自然環境資源指的是有助於營造者用來協助社區解決其問題或滿足其需求的自然景觀和環境,例如,有助於社區居民認同的特殊景觀,有助於社區居民共同遊憩的特殊場所,有助於居民共同保護的海灘地形等,皆是從事社區營造時不能忽視的自然環境資源。

社區資源因社區之地緣、文化及行政資源之不同,而且具有當地文化之特色,從生態論之觀點,孩子的社會化主要源自於其家庭、鄰里環境、兒童照顧機構所建構成中間系統為主,而社區更是此系統的最佳代言人。一般社區的社會資源在支援兒童社會化有文化藝術、自然生態、休閒育樂、行政機關、醫療及相關人力等資源。下一節是一個園務經營上所需社區資源的實例介紹。

第二節　兒童教保機構社區資源調查實例

一、一般家庭之社會資源

本節先以高雄市大寮區為例,再漸漸擴大成為區域性,並以大高雄為社區資源範例。大寮區東與屏東縣為界,西鄰鳳山區及小港區,南接林園區,而北連大樹區與鳥松區,行政區域管轄有:三隆里、上寮里、大寮里、山頂里、中興里、中庄里、內坑里、永芳里、光武里、江山里、忠義里、前庄里、後庄里、拷潭里、昭明里、琉球里、翁園里、新厝里、會社里、會結里、溪寮里、義仁里、義和里、過溪里、潮寮里,共二十五里,八百二十九鄰。(有關高雄市行政資源參考**表7-1**至**表7-6**)

表7-1 高雄市鳳山、大寮區（原高雄縣）行政福利機構一覽表

原高雄縣政府社會局	高雄市鳳山區光復路二段120號	07-7466900
原高雄縣政府警察局	高雄市鳳山區光遠路388號	07-7452830
原高雄縣消防局	高雄市鳳山區鳳頂路360號	07-7926119
原高雄縣衛生局	高雄市鳳山區經武路30號	07-7426101~3
原高雄縣環保局	高雄市鳥松區澄清路834號	07-7351500
原高雄縣政府社會科	高雄市鳳山區光復路二段132號	07-7477611
大寮區區公所	高雄市大寮區鳳林三路492號	07-7813041
大寮區衛生所	高雄市大寮區進學路129巷2號之1	07-7811965
大寮區戶政事務所	高雄市大寮區鳳林三路375號	07-7817516

表7-2 婦女、兒童、青少年社會福利一覽表

高雄北區家扶中心	高雄市岡山區竹圍東街182巷12號	07-6213993
高雄縣婦女會	高雄市鳳山區曹公路21號	07-7462287
高雄縣兒童保護專線		07-7433644
失蹤兒童專線		0800049880
婦幼保護專線		113
家庭暴力性侵害防治中心	高雄市鼓山區中華一路976號	07-3214169 0800000600
高雄縣兒童保護專線鳳山區		07-7109995
勵馨社會福利基金會	高雄市三民區臥龍路95號6樓	07-3868491
高雄市家扶中心	高雄市苓雅區中正一路305號	07-7261651

表7-3 醫療、衛生一覽表

聖若瑟醫院	高雄市大寮區鳳林四路192號	07-7835175
慈惠醫院	高雄市大寮區鳳屏一路459號	07-7030315
長庚紀念醫院	高雄市鳥松區大埤路123號	07-7317123
高雄縣鳳山醫院	高雄市鳳山區經武路42號	07-7418151
高雄市立小港醫院	高雄市小港區山明路482號	07-8036783

表7-4　其他機構一覽表

高雄市鳳山區兒童早期療育發展中心	高雄市鳳山區體育路65號	07-7422971
財團法人高雄市私立紅十字會育幼中心	高雄市鳳山區瑞光街81號	07-7019476
國軍第二育幼院	高雄市鳳山區王生明路1號	07-7463326

表7-5　文教資源一覽表

高雄市立美術館	高雄市鼓山區美術館路20號	07-3160331
中正文化中心	高雄市苓雅區五福一路67號	07-2225136
體育場	高雄市苓雅區中正一路99號	07-7229494
市立圖書館	高雄市前金區民生二路80號	07-2112181
社會教育館	高雄市小港區學府路115號	07-8034473

表7-6　大寮地區國民小學一覽表

永芳國小	民國36年改稱大寮鄉永芳國民學校。民國41年大寮分校設立。
翁園國小	本校原為永芳國小翁園分校，民國68年奉准獨立。
昭明國小	民國10年改稱大寮公學校赤崁分校。民國36年改稱昭明國民學校。民國57年改稱大寮鄉昭明國民小學。
大寮國小	大寮國小座落在大發工業區之西北方。本校從民國56年起辦理學童營養午餐，在當時是本鄉唯一有營養午餐的學校。
中庄國小	民國9年在中庄廟成立大寮公學校中庄分校場，民國42年成立溪寮分校，民國57年改制為中庄國民小學。
忠義國小	本校位居大寮鄉西緣，與鳳山市接壤為鄰。幅員廣達六公頃，為全省國民學校所罕見。
潮寮國小	民國42年創校，小朋友多來自潮寮村、會結村、過溪村三村。
溪寮國小	民國42年創立中庄國民學校溪寮分校，民國53年獨立為溪寮國校，民國57年改稱溪寮國民小學。
山頂國小	近年來因工業區的設置，大馬路的開發、捷運的規劃，造成鄉內國小班級數急劇增加，達於飽和點，因此增設山頂國小，於民國83年正式成立，目前以三十六班作為飽和容量之整體規劃。
後庄國小	創校於民國88年，位於大寮區後庄里，近曹公圳，鄉土資源豐富。努力營造「學校社區化，社區學校化」的學習氛圍，發展學校特色。

二、區域之行政資源

　　就以大寮區為主軸再逐漸擴大為區域資源，則擴大至高雄市行政資源，而資源之種類則由推行公共事務之行政機關到補充教學及為父母親職行為之各項諮詢，內容可包括：行政單位、身心障礙鑑定醫療機構、文化教育單位、古蹟、社會及親職輔導資源、公設民營單位及兒童婦女等社會福利機構等（**表7-7**至**表7-13**）。

表7-7　高雄市各行政單位

名稱	地址	電話
高雄市政府社會局	四維三路2號2樓	07-3373379
家庭暴力性侵害防治中心	中華一路976號	07-5545371
兒童服務專線	四維三路2號	07-3315999
兒童福利中心	九如一路775號	07-3850535 080-017685
婦女福利中心	中心三路36號	07-2238413
無障礙之家	翠亨北路392號	07-8151500
消防局	光復二路46號7樓	07-2725817
衛生局	中正四路261號	07-2514171
環境保護局	四維三路2號	080-007717 07-3369214
資源回收場（中區）	三民區鼎金1巷22號	07-3509143
高雄都會公園	楠梓區德民路24號	07-3656103
交通部觀光局（高雄服務場）	中正四路235號	07-2151875
高雄火車站	建國二路318號	07-2353193
高雄市議會	中正四路192號	07-2828191
聯合服務中心馬上辦中心	四維三路2號	07-3360521
高雄市史蹟文物陳列館	蓮海路18號	07-5250916
高雄市中正文化中心	五福一路67號	07-2225136
高雄市立社會教育館	中正四路209號	07-2161618
高雄市立歷史博物館	美術館路20號	07-5553089

（續）表7-7　高雄市各行政單位

名稱	地址	電話
高雄市立美術館	中正四路272號	07-5312560
高雄市風景區管理所（蓮池潭、壽山、獅湖、原生植物園、孔廟等）	翠華路1435號	07-5883242
台灣省農業試驗所鳳山熱帶園藝試驗所	鳳山區文山園藝巷4號	07-7310191
國立科學工藝博物館	九如一路720號	07-3800089
高雄醫學院	十全路100號	07-3208143
高雄榮民總醫院	大中一路100號	07-3422121
海軍左營醫院	左營區軍校路55琥	07-5879651
高雄市立凱旋醫院	凱旋二路130號	07-7513171
高雄市立民生醫院	凱旋二路134號	07-7511131
高雄市立婦幼醫院	中華一路976號	07-3128565
高雄市立大同醫院	中華三路68號	07-2618131
高雄長庚紀念醫院	高雄市鳥松區大埤路123號	07-7317123
高雄市立小港醫院	小港區山明路482號	07-8065554
高雄市自閉症協會	前鎮區翠亨北路392號3樓	07-8151500
高雄市語言障礙協會	左營區榮德路8巷1號A1棟4樓	07-3433656

表7-8　身心障礙鑑定醫療機構

醫院名稱	地址	電話
高雄醫學院附設中和紀念醫院	高雄市三民區十全一路100號	07-3208143
高雄榮民總醫院	高雄市左營區大中一路386號	07-3422121轉5311
國軍左營醫院	高雄市左營區軍校路553號	07-5879651
國軍高雄總醫院	高雄市苓雅區中正一路2號	07-7496751轉726235
財團法人天主教聖功醫院	高雄市苓雅區建國一路352號	07-2238153轉128
靜和醫院	高雄市新興區民族二路178號	07-2229612

（續）表7-8　身心障礙鑑定醫療機構

醫院名稱	地址	電話
健仁醫院	高雄市楠梓區楠陽路136號	07-3517166 轉1216
阮綜合醫院	高雄市苓雅區成功一路162號	07-3351121 轉2717
高雄市立凱旋醫院	高雄市苓雅區凱旋二路130號	07-7513182 轉2128
高雄市立民生醫院	高雄市苓雅區凱旋二路134號	07-7511131 轉2135
高雄市立婦幼綜合醫院	高雄市鼓山區中華一路976號	07-3122565 轉2012
高雄市立大同醫院	高雄市前金區中華三路68號	07-2618131 轉3401
高雄長庚紀念醫院	高雄市鳥松區大埤路123號	07-7317123 轉3401
高雄仁愛之家附設慈惠醫院	高雄市大寮區鳳屏一路459號	07-7030315 轉142
良仁神經精神科醫院	高雄市阿蓮區民族路391號	07-6317866

表7-9　高雄市文化教育單位

名稱	地址	電話
高雄市立歷史博物館	美術館路20號	07-5553089
高雄市立美術館	中正四路272號	07-5312560
高雄市風景區管理所（蓮池潭、壽山、獅湖、原生植物園、孔廟等）	翠華路1435號	07-5883242
台灣省農業試驗所鳳山熱帶園藝試驗所	鳳山區文山園藝巷4號	07-7310191
高雄市語言障礙協會	左營區榮德路8巷1號A1棟4樓	07-3433656
高雄市史蹟文物陳列館	蓮海路18號	07-5250916
高雄市中正文化中心	五福一路67號	07-2225136
高雄市立社會教育館	中正四路209號	07-2161618

表7-10　高雄市古蹟

編號	類別	名稱	等級	位置
1	城郭	鳳山縣舊城	第一級	高雄市左營區
2	關塞	期後砲台	第二級	高雄市旗津區旗港段1231、1232地號（旗津區旗後山頂）
3	衛署	前清打狗英國領事館	第二級	高雄市鼓山區蓮海路18號側（高雄港口哨船頭山丘上）
4	祠廟	雄鎮北門	第三級	高雄市鼓山區蓮海路6號
5	祠廟	左營舊城孔廟崇聖祠	第三級	高雄市左營區蓮潭路47號
6	祠廟	旗後天后宮	第三級	高雄市旗津區廟前路86號
7	燈塔	旗後燈塔	第三級	高雄市旗津區旗下巷34號

表7-11　高雄市社會及親職輔導資源查詢表

問題類型	諮詢機構	電話
1.偏差行為 　心理輔導 　自傷行為 　個案研討	1.兒童福利服務中心諮商室	07-3850535~9
	2.高雄家庭扶助中心	07-7262085
	3.張老師	07-3333221 07-3306180
	4.高市生命線協會	07-2319595 07-2819595
	5.家庭教育服務中心	07-2155885
	6.高市青少年福利工作協進會	07-3331046
	7.高雄市小港醫院精神科	07-8036783轉3859
	8.高雄市立凱旋醫院	07-7513171
	9.高雄市社區心理衛生示範中心	07-3874649 07-3874650
2.受虐兒童	1.高市社會局社工室	07-3373380
	2.高雄家庭扶助中心	07-7262085
3.濫用藥物	1.凱旋醫院衛生教育諮詢專線	07-7255540
	2.高市基督教戒癮協會	07-2240852 07-2238716

（續）表7-11　高雄市社會及親職輔導資源查詢表

問題類型	諮詢機構	電話
4.兩性問題	1.婦幼醫院青少年保健門診	07-3129191
	2.家庭計畫推廣中心	07-5319572
5.精神疾病	1.高雄醫學院附設中和紀念醫院	07-3121101轉精神科
	2.高雄榮民總醫院	07-2422121轉2027
6.身心障礙	1.社會局無障礙之家	07-8151500
	2.殘障諮詢中心	07-8153816
	3.伊甸殘障福利事業	02-27734507
	4.樂仁啓智中心	07-8217163
	5.高市自閉症協進會	07-2247763 07-2236782
	6.高市語言障礙服務協會	07-3433656
	7.高市盲人福利協進會	07-2419900
	8.高市春陽顏容保護協會	07-5219516
	9.陽光社會福利基金會	02-25078006
7.特殊教育	1.高雄市立成功啓智學校	07-3347792
	2.高雄楠梓特殊學校	07-3642007
	3.高雄啓智學校	07-2235940
	4.高雄市智障者福利促進會	07-3874072
	5.國立台南師院特殊教育諮詢中心諮詢專線	06-2206191
	6.高師大特殊教育諮詢服務專線	07-7132391
8.失蹤兒童少年協尋專線	台灣省兒童福利聯盟基金會 （協尋對象：十八歲以下失蹤兒童及青少年）	080049880 （您失蹤，幫幫您）
9.中途輟學生	1.高雄市社會局社工室	07-3315915
	2.高雄市家庭扶助中心	07-7262085
	3.台灣世界展望會南區辦事處	07-2162280
10.急難救助	1.高雄市社會局社工室	07-3315915
	2.高雄市鼓山區區公所民政科	07-5313725

（續）表7-11　高雄市社會及親職輔導資源查詢表

問題類型	諮詢機構	電話
11.家族治療	1.高雄市小港醫院精神科	07-8036783轉3859
	2.高雄市立凱旋醫院	07-7513171
	3.高雄市社區心理衛生示範中心	07-3874649 07-3874650
12.法律諮商	1.高雄市鼓山區民眾服務站	07-5318391
	2.蘇盈貴律師事務所	07-5859499

表7-12　社區公設民營單位

機構名稱	受託單位	地址	電話
三民西區綜合社會福利服務中心	財團法人人本教育文教基金會	高雄市三民區三民街222號3~5樓	07-2165379
高雄市大順路福利商店	財團法人喜憨兒社會福利基金會	高雄市三民區大順二路282號	07-2234510
民族社區老人活動中心	高雄市金齡協會	高雄市三民區九如一路899號	07-3870311

表7-13　高雄市政府兒童福利機構電話

名稱	電話
兒童福利服務中心	07-3850535
無障礙之家	07-8151500
家庭暴力及性侵害防治中心	07-5355920~9
婦女館	07-3979672
婦女福利服務中心	07-2368413~4
保護專線	113或0800008585
兒童與家庭諮商中心	07-3878970
單親個案管理服務專線	07-3225999
二十四小時臨托服務專線	0800052202

三、單親家庭之社會資源（本資源以台北市爲例）

父母因彼此關係失和因而離婚及造成兒童失親過程，**表7-14**至**表7-23**是以台北市區域爲例。

表7-14　家庭暴力保護與安置（以台北市爲例）

服務單位	電話
內政部全國保護您	113
台北市家庭暴力性侵害防治中心24小時婦幼保護專線	0800-024-995
女子警察隊保護婦孺及緊急庇護專線	2346-0802 2759-0761
台北市現代婦女基金會（遭家庭暴力／性侵害／性騷擾婦女）保護您專線	2391-7128 2391-7133 2358-3030
北區婦女福利服務中心	2531-4245~6
南港婦女福利服務中心	2653-7055~6
龍山婦女福利服務中心	2304-9595
中華民國新女性聯合會	2325-4781~4
內湖婦女福利服務中心	2634-9952
財團法人婦女救援社會福利事業基金會	2700-9595
財團法人天主教善牧社會福利基金會（庇護服務）	2381-5402

表7-15　婚姻暴力問題諮詢專線（以台北市爲例）

服務單位	電話
台北市家庭暴力暨性侵害防治中心	113或2722-9544
現代婦女基金會	2391-7128 2391-7133
台北市婦女救援基金會	2356-9595
北區婦女服務中心（士林／中山／北投）	2531-4245 2531-4246
南港婦女服務中心（內湖／南港／松山）	2653-7055 2653-7056
龍山婦女服務中心（萬華／大同／中正）	2304-9595

表7-16　單親家庭問題諮詢專線（以台北市為例）

服務單位	電話
松德婦女服務中心（信義／南港／大安／文山）	2759-9176
北投婦女服務中心（北投／士林）	2896-1918
單親家庭服務中心	2558-0170 2558-0145
北區婦女服務中心（士林／中山／北投）	2531-4245 2531-4246
南港婦女服務中心（內湖／南港／松山）	2653-7055 2653-7056
龍山婦女服務中心（萬華／大同／中正）	2304-9595

表7-17　兒童保護服務機構及一般法律諮詢（以台北市為例）

服務單位	電話
台北家扶中心	2351-6948
台北北區家扶中心	8861-1245
台灣世界展望會寄養服務中心	2502-5689 2501-0563
兒童福利聯盟文教基金會	2748-6008
勵馨社會福利事業基金會	2550-9595（蒲公英部門）

表7-18　一般法律諮詢（以台北市為例）

名稱	電話
台北市政府聯合服務中心	2725-6168
台大法律服務社	2394-0537
政大法律服務社	2938-7079、2938-7080
東吳法律服務社	2311-1531分機2512
中興法律服務社	2503-5183
台北市民眾法律服務中心	2394-6907
台北律師公會	2351-5071
台北縣政府服務中心	2960-3456分機771

表7-19　性騷擾相關諮詢專線（以台北市為例）

名稱	電話
台北市性騷擾評議委員會	0800-089-995
婦女新知基金會性騷擾申訴專線	2502-8720

表7-20　訴訟程序協助

名稱	電話
台北地方法院聯合服務處	237-6871分機6344~6348
台灣高等法院檢察署	2371-3261分機8423、2331-0901
台灣高等法院訴訟輔導科	2371-3261分機8424、2331-5667
士林地方法院	2831-2321分機135

表7-21　單親家庭輔導（以台北市為例）

名稱	電話
台北市單親家庭服務中心	02-2558-0170
社會局松德婦女服務中心（信義／南港／大安／文山）	02-2759-9176
台北市萬華兒童福利服務中心（台北市立心慈善基金會承接）	02-2332-0623 02-2332-0710
民生兒童福利服務中心	02-2748-6008分機3
福安兒童福利服務中心	02-2339-1305~6 分機21（輔導組）
北投婦女福利服務中心（北投／士林）	02-2896-1918分機103
內湖婦女福利服務中心（原住民）	02-2634-9952
台北家扶中心	02-2351-6948
台北市晚晴婦女協會	02-2708-0126分機108
中華單親家庭互助協會	02-2555-0211
兒童福利聯盟文教基金會	02-2748-6006
台北市原住民關懷協會	02-8712-0027
台北市一葉蘭喪偶家庭成長協會	02-2311-8572
財團法人國際單親兒童文教基金會	02-2302-9099

表7-22 心理協談／諮商輔導（以台北市為例）

名稱	電話
台北市張老師訓練中心	02-2393-4131
永和台北市張老師中心	02-8660-1871
三重市張老師中心	02-2986-7171
台北市張老師中心	02-2716-6180
呂旭立紀念文教基金會	02-2363-5939
財團法人天主教聖母聖心會懷仁全人發展中心	02-2311-7155
觀新心理成長諮商中心	02-2363-3590
佛教觀音線協會	02-2768-5256
飛躍心理諮商中心	02-2370-8119
生命線協會	02-2502-4242
基督教宇宙光輔導中心	02-2369-2696
馬偕協談中心	02-2531-8595
衛理諮商中心	02-2700-1900
財團法人台北市友緣社會福利事業基金會	02-2769-3319
現代人力潛能開發中心	02-2393-2226

表7-23 一般社會福利諮詢（以台北市為例）

名稱	電話
大直婦女服務中心	02-2532-3641
兒童福利聯盟文教基金會	02-2748-6008分機5
台北市勵馨社會福利事業基金會（社會局委託）	02-2550-9595分機541
財團法人天主教福利會（安置服務）	02-2311-7642 02-2311-0233 02-2383-1299
台北市基督徒救世會社會福利事業基金會（安置服務）	02-2729-9923

第三節　社區資源開發與整合

資源是有限的，而需求是無限的。兒童教保服務正式資源主要透過政策與立法、建立行政體系，目前負責主管機關是內政部（托嬰中心）及教育部（幼兒園及兒童照顧），政府靠其預算及組織人力、規劃各項托育服務以推動其行政業務。一個有效率的園所行政宜瞭解行政資源，善用家長及社區資源使教保方案更豐富、更生活化，以滿足兒童及家庭照顧的需要。故園所經營者或教保方案執行者應要有管理資源之概念，所以要作規劃、建立資源手冊，瞭解兒童及家長需求，展開活動方案或措施，最後評估執行成效。

兒童教保機構所需的社區資源常會用於教保活動及親職教育，而社區之資源又可分為政府行政組織之公資源以及民間資源。本節茲介紹有關兒童教保活動之政府行政體系組織以及推行教保活動之民間資源。

一、兒童教保活動推動之政府行政體系組織

兒童福利行政體系組織

行政組織乃是針對推行公共事務所建立的行政機關，屬於行政組織或科層體制組織的一種（沈俊賢，1992）。張潤書（1986）也引述了Weber的觀點，認為此類行政組織應具備下列五種條件：

1.機關內的各個部分有固定的權力範圍，通常具備有法律的明文規定。

2.上下單位間有層級統屬的關係，上級單位對下級單位有指

揮、監督及命令之權，而下級對上級則有絕對服從之義務。

3.辦公人員一般都須經過專門的知識訓練；唯有具備規定資格的人才可被錄用。

4.辦公人員領取固定的薪水，可依照一定的步驟升遷，並可以把自己的工作當作終身的生涯。

5.處理行政事務必須遵循一定的規則和程序。

兒童少年福利工作的推展，首重相關福利政策與措施的立法。各個國家因其開發程度（工業化、經濟化及社會進步程度），對其立法內容會有所不同。然而各國立法就福利提供者的部門分工而言，大都採取福利多元觀點（welfare pluralism perspective）。而提供兒童福利，可分成四個部門：家庭（私人部門）、民間團體（志願部門）、企業部門（商業部門），以及政府部門（法定部門）（馮燕等，1992）。就法定部門的福利服務，即是本節所探討的兒童少年福利行政機關。兒童少年福利行政機關可以依其職權分為：行政官署、輔助機關、諮詢機關，以及執行機關等四大類。

我國兒童福利行政體系的建構，依《兒童及少年福利法》第六條規定：「本法所稱主管機關：在中央為內政部；在直轄市為直轄市政府；在縣（市）為縣（市）政府。」此外條文六、七、八條亦規定，兒童福利主管機關應設置承辦兒童福利業務之專責單位：在中央為兒童局；在直轄市為兒童及少年福利科；在縣（市）為兒童及少年福利課（股）。此外，司法、教育、衛生等相關單位涉及有關兒童福利業務時，應全力配合之。

《兒童及少年福利與權益保障法》亦規定：「私人或團體辦理兒童及少年福利機構者，應向當地主管機關申請設立許可；其有對外勸募行為且享受租稅減免者，應於設立許可之日起六個月內辦理財團法人登記，於六個月內未辦理財團法人登記，而有正當理由

者，得申請核准延長一次，期間不得超過三個月；屆期不辦理者，原許可失其效力」。另外，「兒童及少年福利機構不得利用其事業為任何不當之宣傳；其接受捐贈者，應公開徵信，並不得利用捐贈為設立目的以外之行為。」主管機關應辦理輔導、監督、檢查、評鑑及獎勵兒童及少年福利機構。因此，無論公立或私立福利機構，還有依法辦理的兒童及少年福利財團法人，都不能忽略其應受主管行政機關監督與管理。

我國兒童照顧主責機關在內政部兒童局及教育部國教司各級主管機關，其兼辦兒童照顧業務之情形，茲分別說明如下：

◆中央兒童少年福利行政組織（兒童局）

目前中央主管兒童福利的行政機關為內政部兒童局。按1999年7月14日公布之內政部兒童局組織條例規定，兒童局設綜合規劃組、福利服務組、保護重建組及托育服務組等四科經辦兒童社政業務。2003年9月1日，將原內政部中部辦公室社區及少年福利科業務及人員先行移撥兒童局設防治輔導組，同時將組織編制修正，送立法院及人事行政局審議。

目前內政部兒童局人員之編制，設有局長、主任秘書、視察、設計師，另設有會計室（負責依法辦理歲計、會計及統計事項）；人事室（負責依法辦理人事管理事項）；秘書室（掌理文書、印信、出納、庶務、議事、編印等事項）（**圖7-1**）。

依《兒童及少年福利與權益保障法》規定：「各級主管機關為協調、研究、審議、諮詢及推動兒童及少年福利政策，應設諮詢性質之委員會。前項委員會以行政首長為主任委員，學者、專家及民間團體代表之比例不得低於委員人數之二分之一。委員會每年至少開會四次。」內政部於1974年1月成立「兒童福利促進委員會」，該會依其組織章程規定，設置主任委員一名，由內政部長兼任，委

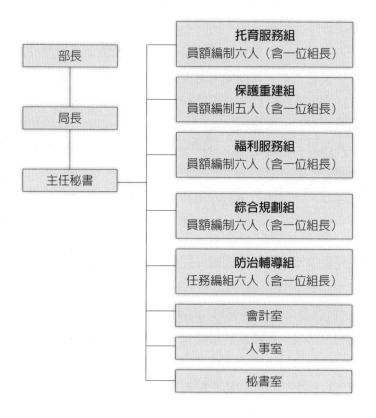

PS：內政部兒童局將於2013年併入行政院衛生福利部。

圖7-1　內政部兒童局組織架構

資料來源：內政部兒童局（2012）。

員二十一人至二十九人，由主任委員就專家、學者及業務有關單位人員分別聘請或指派之。該委員會後來分設兒童福利、老人福利及殘障福利三組，依委員的意願參加之，其任務為兒童、老人、殘障福利事業之研究、諮詢、審議及協調事項；福利措施發展之規劃、調查及評鑑名次；人員培養、訓練之研議事項；各有關單位配合推行之聯繫事項；聽取有關之重要措施報告；其他有關工作事項（內政部，1981）。每半年開會一次，各組每三個月開會一次，必要時

得召開臨時會議，其決議事項，由內政部參酌辦理或行文分送各有關單位辦理之。其目的在求學術與行政的密切配合。2003年之兒童少年福利法規會諮詢委員會每年至少開會四次，討論相關兒童及少年福利議題。

◆幼兒教育行政體系組織

目前依《幼兒教育與照顧法》之規定，掌管幼兒教育之主管機關在教育部，並由國教司第三科負責，其業務要項請參考**圖7-2**。在就學補助措施以提供五歲幼兒免學費教育計畫、原住民幼兒就讀公私立幼稚園學費補助，以及補助中低收入家庭幼童托教補助（以三至四歲幼兒為補助對象）；在增加平價資源方面以增設公幼、試辦非營利資源之友善教保服務；在穩定教保品質以建立課綱及實施準則、合作園所、改善教保環境設備、幼兒園評鑑；在資訊化方面以

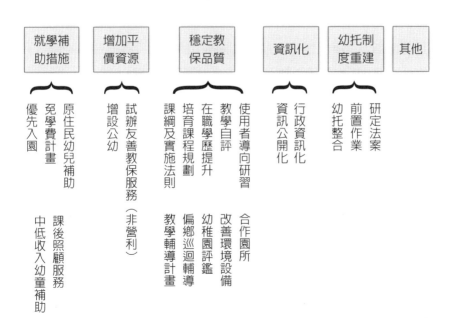

圖7-2 國教司第三科業務要項

資訊公開化及行政資訊化；在幼托制度重建方面以研修各種法案、完成幼托整合。而有關幼兒園教師資格事宜則由國教司第四科負責。

二、社區民間資源

與附近學區合作（如國中、國小、社區公園、銀行、超商、警察局、醫院等）——可開放學校間的相互參觀，教學資源的運用，提供中學生從事志願服務的機會。善用附近社區資源——配合各班單元活動與社區人力、物力、自然、組織等資源作結合，籌劃舉辦課程延伸活動。例如，可與花市聯辦花卉展、參觀附近的菜市場、各種診所、借用與參觀圖書館資源。另一方面聯絡募集社區內的機關、公司將其剩餘或捨棄不用的物品作為教學布置、角落工作的材料。此外透過加強與社區內各園所之聯繫，共同合作辦理園遊會、健行遠足等活動，讓園所間的資源、器材得以交流。而相關與社區連結（**圖7-3**）又可分為：(1)推廣社區兒童福利相關的活動；(2)設置社區資源網；(3)定期舉辦社區的親職活動；(4)徵求人力資源（**專欄7-1**）。

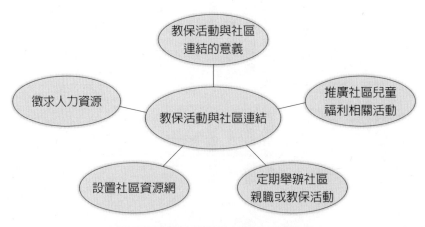

圖7-3　教保活動與社區連結之概念圖

社會（區）資源調查

　　某園所位於以AA東路、BB路為主軸的商圈內，交通四通八達，方便對外聯絡；其間工商企業大樓、商家、住家林立，當地（居民）及外來（上班族）人口眾多，對招生是一項利多；鄰近市場、超市，採買方便；AA公園、BB公園、CC公園近在咫尺，是幼兒舒展筋骨、體能訓練的好地方；AA國小、BB國小、CC國小就在附近，可就近利用其場地辦理戶外大型活動，也是幼、小銜接課程活動的最佳觀摩場所，尤其是AA國小的溫水游泳池，不論寒暑都是小朋友的最愛；AA醫院距離此園僅幾分鐘路程，可與之訂約，為幼兒做定期健康檢查，以確保幼兒身心健康；袖珍博物館、衛視電視台也在不遠處，是幼兒戶外教學的好去處之一，可善加應用。

　　任何企業的重要資源不外財力、人力、物力，而托兒所的財力來自學生人數；人力除了所內老師外，各行各業的家長更是可運用的資源；物力就此園所內設備外亦可尋求社會資源。以上豐富的社會（區）資源，是值得此園所在此投資的，茲就上述資源細列如下：

1. 工商企業資源：各大銀行、證券公司、AA大樓、飯店、餐館、麥當勞、旅行社、商業集團等，集結在此，龐大的上班族群的小孩是此園重要的學生來源。（財力、人力）
2. 公共設施資源：AA等三個公園內的植物提供了不少學習資源，如認識植物生態、美勞課程的樹葉拓印等。園內的遊樂設施，滑梯、單槓、平衡木、蹺蹺板等，可帶給

孩子們歡笑並鍛鍊他們的體魄,實可以補該園所內設施之不足。(物力)

3.教學資源:AA等三所國小就在此園周圍,他們的大操場可借用辦理大型活動,或情商做觀摩教學,以消弭小朋友幼、小銜接的心理障礙;袖珍博物館、衛視電視台也是不錯的戶外教學點。(物力)

4.醫院:AA醫院與附近診所可提供緊急醫療或定期健檢服務。(人力、物力)

5.鄰近社區市場:AA街市集、AA超市就在附近,提供各式各樣的餐點所需,節省了不少採買的時間與人力。(物力)

6.鄰近社區大樓:密集的住戶人口的小孩,也是本所主要的學生來源。稠密的居民和多數的上班人口,同是此園招生的福音。(財力、人力)

一、推廣社區兒童福利相關的活動

1.在公布欄張貼最新的兒童福利法則的事宜。

2.兒童相關的活動公布(如台北元宵節、賞花燈)。

3.宣導疾病的防治教育(如腸病毒流行時,教導如何洗手以杜絕病毒等)。

4.公告低收入戶兒童的收托標準。

5.設兒童諮詢專線:

(1)可協助家長解決任何教養上的問題。

(2)可提供特殊兒童、父母所需的機構。

6.介紹學校或區內的活動項目、時間、地點。

二、設置社區資源網

1.設園所的網站：

(1)介紹園所的簡介、行政組織、教學理念、教育、收托年齡、收費標準、活動行事曆等相關資料。藉由這樣的網站，可讓尚在選擇幼兒園的父母，作為選擇及參考！

(2)建立親師交流園地，內容有家長留言板、教養小撇步、童言童語等。可藉此促進家長教養概念的提升與落實！

2.可作為社區活動的場所之一：

(1)在選舉時，可提供作為居民的投開票所。

(2)可作為社區的才藝活動的場所（可外租酌收清潔費）。

3.開放部分的教學資源： 其中可設置「親子圖書館」陳列有關親職的書刊及雜誌，作為父母或社區人士充實教養概念的場所。

4.提供親職專欄給予社區刊物的製作。

5.成為社區的「愛心急救站」之一，共同維護婦女、兒童的安全。

6.認養公園內的玩具，並定期維修。

7.成為社區中人力資源的一部分。

三、定期舉辦社區的親職活動

1.各種類型的親職活動，皆可巧妙的與社區資源作為結合，這可使得區內的園所、家長、孩子，以及其他人士獲得最好的回應！

2.親職活動項目分類：

(1)依節令的活動：

・舞龍舞獅賀新年。

‧元宵猜燈謎。

‧母親節──溫馨園遊會。

‧端午粽香情。

‧父親節──爸爸真偉大。

‧歡送畢業生。

‧聖誕節瘋狂舞會。

(2)演講類的活動：提供社區父母多元的學習，可邀請專家、學者談教養問題、親子關係、溝通技巧、心靈成長及兩性家庭等主題。

(3)藝術欣賞類的活動：

‧孩子的音樂發表會。

‧劇團、兒童劇的演出。

‧兒童藝術欣賞。

‧捏陶活動。

(4)父母成長團體。

(5)跳蚤市場。

四、徵求人力資源

1.社區義工媽媽。

2.所內家長資源。

3.鄰長、里長。

4.警察局、消防局。

5.醫院、社區內商店。

6.商場。

7.社區內水電、冷氣、商店。

8.其他幼兒園的園所長。

參考文獻

內政部（1981）。《內政部兒童福利、老人福利、殘障福利促進委員會組織章程》。台北：內政部。

內政部兒童局（2012）。《內政部兒童局組織條例》。台中：內政部兒童局。http://www.cbi.gov.tw/CBI_2/internet/main/index.aspx

沈俊賢（1992）。《兒童福利體系組織績效分析模型之研究——以我國為例探討》。中國文化大學兒童福利研究所碩士論文。

張潤書（1986）。《行政學》。台北：三民書局。

馮燕、郭靜晃、秦文力（1992）。《兒童福利法執行成效之評估》。行政院研考會委託研究。

第八章

親職教育與社區聯結

- 親職教育之目的與推展方式
- 親師合作
- 園所、家庭與社區

親職教育（parent education）乃是指兒童教保機構以活動方式，幫助父母成為有效能的父母或幫助父母瞭解機構教保方式以便能延伸至家庭。親職之定義除了父母之外，尚可延伸至監護人或身兼孩子照顧之責的成人。親職教育對父母或照顧者而言是一種社會的再教育，其重要性與家庭教育雷同，更是社會發展之基石。簡言之，親職教育是對為人父母、準父母或照顧者施以一種專業教育，藉以培養其教養孩子之專業知能，以充實其扮演現代父母之角色，以達教養功效。

就上述之定義，親職教育實具備有預防及治療，前者乃因現代家庭結構的改變（例如單親家庭、外籍配偶家庭、台商家庭、隔代家庭、雙生涯家庭）造成父母與親職角色的分身乏術，或缺乏正確及有功效的管教策略而造成孩子行為產生不適應或偏差，故利用成年人尚未成為父母或已成為父母實施「先期親職教育」以收「未雨綢繆」與「預防勝於治療」之功效；後者因父母疏於或缺乏正確管教技能而造成孩子行為偏差，甚至成為犯罪兒童及少年，依《少年事件處理法》及《兒童及少年福利法》對父母施以強制性的親職教育課程，其課程屬於事後之治療性策略，所以，親職教育可以納入學校教育及成人教育之系統。

親職教育具有自願性、實用性、即時性，以及連續性之特性（林家興，1997）。除了法院對父母施以強制性的親職教育課程之外，大部分的親職教育皆屬於自願參加的課程，父母可選擇參加或不參加。親職教育的課程非常重視實務及實用性，讓父母對課程得以瞭解並能學以致用，理論的部分則較少涉及，此外，親職教育大都面臨父母此時此刻管教子女的難題，需要有效策略加以解決，因此，親職教育強調即時性協助父母處理其當下的問題。加上親職教育是一終生教育（lifelong education），故是終生學習，所以是一連續性的教育。

綜合上述，親職教育並不是天生即會的行為，而是經由後天「教育」與「學習」的方式，表現稱職父母的角色，並協助父母瞭解子女的身心發展及需求，幫助父母與子女建立「正向」的親子關係，因此親職教育係屬於家庭教育中的一環。

第一節　親職教育之目的與推展方式

一、親職教育之目的

　　兒童及少年的問題始於家庭、顯現於學校、彰顯於社會。故親職教育即指導父母克盡角色、發揮父母及家庭功能，以預防兒童及青少年日後不良行為的產生。所以，親職教育的重要性在強化家庭功能，預防兒童及少年產生不適應之行為，結合學校及社會資源，支持家庭發揮功能，消弭社會問題，去除不適合孩子成長的環境因素。故親職教育實施包括有教育及治療家庭與父母之功能。

　　父女需照顧兒童之角色功能觀點，廖得雄、顏秀雄（1987）指出，親職教育之目的有六：

1.在促進健全的家庭生活。
2.透過教育方式，建立正確的親子關係及觀念與態度。
3.透過教育方式，瞭解現代父母之職責與角色。
4.透過教育方式，學習管教子女以及如何與子女溝通之正確有效方法。
5.經由討論，瞭解面對難題時之因應方式。
6.協助子女成長及自我成長。

家庭的功能有七：生養育的功能、照顧保護的功能、教育的功能、情感與愛的功能、娛樂的功能、宗教信仰的功能及經濟的功能（黃堅厚，1996），茲分述如下：

(一)生養育的功能

家庭主要功能乃在透過婚姻關係傳宗接代，綿延香火，故家庭除了重視優生保健以提升下一代的品質，並要瞭解子女在不同階段的生、心理需求與發展，提供安全、溫暖及適齡、適性的成長環境和教養方法，以協助其健全的成長與發展。

(二)照顧保護的功能

父母的責任是要在子女成長過程中，給予合理（不放縱）的保護，使孩子免於恐懼與傷害，並時時給予關懷、支持及指導，以確保孩子的安全，提升其獨立性、適應能力及問題解決能力，以朝向獨立自主的成人作準備。然而現代家庭因社會變遷造成傳統照顧兒童功能式微，所以家庭之外的正式與非正式社會支持體系應運而生。

(三)教育的功能

家庭是孩子得到社會化的第一個機構，也是待最久的機構，家庭更是孩子人格、行為塑化學習的場合，尤其在早年經驗，隨著子女的年齡成長，父母除了照顧、養護子女之外，也應對子女的道德、行為、價值觀及心智發展負起責任，透過過濾、協助、示範、規範、講解、引導與鼓勵之下，逐漸社會化成為能適應社會之獨立個體，故家庭使孩子從「生物個體」成為「社會個體」。

兒童透過與家人一起生活、遊戲、工作，達到性別角色的認同

與學習，行為由他律而自律，進而形成個人之道德、價值觀及良知的形塑，以及社會能力及技巧的習得，同時，家庭也具有獨特的文化及精神價值，所以家庭能形塑人，也可以傷害人。

　　現代家庭以核心家庭為主，但由於社會變遷，造成少子化、隔代家庭、單親家庭或外籍配偶家庭，此外，教養子女的功能也由其他專業化之機構，如托兒所、幼稚園或托育中心，以及電視及電腦取代教養子女的功能。

(四)情感與愛的功能

　　家庭是個人情感的避風港，家庭給人安全及歸屬感，同時也是提供愛與溫暖的場所，尤其在工業社會人際關係愈來愈冷漠，彼此間競爭激烈，疏離的社會更需要伴侶的分享及親子關係的情感交流。

　　家庭透過婚姻關係提供夫妻之間的親密關係，也是個人尋求情緒的滿足與支持之所在，但是家庭也是最容易傷害人的場合，例如家庭暴力。因此，父母須對子女傳輸愛的訊息，對孩子合理之期望，讓孩子得到外在衝突及挫折的庇護，同時也傳輸如何以親密及正向情緒對待別人，以發揮家庭最重要的功能。

(五)娛樂的功能

　　傳統社會所有的活動均發生在家庭之中，娛樂休閒活動也不例外，如拜拜、過年、慶節等，而在現代的社會，此種功能漸漸為家庭之外的休閒娛樂行業所取代，如主題公園、電影院、KTV等。雖然如此，家中也隨著科技的進步，各種設置於家中的娛樂設備也較以往充足，如電視、VCD/DVD錄放影機、卡拉OK、電腦等，也促進個人之居家娛樂發展。在現代化充滿壓力、緊張、時間緊縮的時

代中，家庭休閒娛樂是不可或缺的，它可提供在共同時間中，有共同興趣，共同目標，從事共同的活動，透過互助、溝通來凝聚家庭成員，形塑共同價值，也可以增加彼此瞭解及傳輸關愛與親密感。

(六)宗教信仰的功能

宗教信仰是家庭中共同價值及人生觀的表徵，同時也是一種家庭的凝聚力量，表達對天、地、人、事物的看法，它亦是凝聚家庭成員表達愛、分享、體恤別人或遵循社會規範的具體行為。傳統的中國社會重家庭，祭祀祖先，擴展家庭各種宗親、社會組織以確保家庭及社會之權威結構，及維繫家庭與社會的組織行為（謝高橋，1994）。

現代社會宗教信仰趨向多元化、個人化，因此，家庭宗教信仰功能日漸式微，甚至已消失此種功能。

(七)經濟的功能

往昔在農業社會時代，家庭是兼具生產與消費的場合，所以，家庭可說是一個自給自足的經濟組織。工業化之後，社會愈加分工，家庭的生產工作逐漸由另外的生產單位（如工廠、公司）所取代，但家庭仍在消費單位中扮演著主要的經濟功能。現代家庭也愈趨向雙工作及雙生涯的家庭，造成許多家務工作可能要找人幫忙，即使是專職的母職角色，不出去工作也要處理家務工作，雖然不給薪，但是其仍是有經濟的活動，這也是「家務有給制」的觀念，只是家庭的經濟活動未如往昔農業社會那般明顯。

家庭的經濟功能是家庭成員相互之間的經濟活動，透過互助互持以保障家庭人員的生活。現代社會透過賦稅、保險，除了家庭的經濟自給自足之外，其餘可以配合社會的支持與福利，來維持個人

的生活，因此說來，家庭不再是個獨立自給自足的經濟單位，必須要配合社會的支持。

二、親職教育執行與推展之策略與方式

　　一般幼兒園所進行之親職教育活動，除了進行規劃、執行策略及事後檢討，不同園所基於園所之行政政策及家長需求之不同，各有不同執行親職教育的策略與方式，然而大多數園所是採取下列三種方式：(1)吸引家長參與的策略；(2)具體執行方式；(3)與社區連結（可參考第七章），茲分述如下：

(一)吸引家長參與的策略

　　吸引家長參與即是讓資訊透明化、活動吸引化及執行能獲得家長的共鳴與迴響，其策略有四，分述如下：

1. 活動訊息的傳播：學期初即會發給家長活動計畫行事曆，方便家長預先安排參與日期。此外，另在每週的「童心園」、所內公布欄加以宣導活動訊息。並適時開放邀請父母設計、規劃或提供協助活動內容流程，提高參與的程度及動力。
2. 配合家長需求：開學時發給家長參與需求調查表，以瞭解並針對家長的需要安排活動內容，同時在活動進行中提供寄託幼兒的場所，讓家長得以安心參與活動。
3. 辦理活動前：發給家長宣傳文宣、參與意願調查表或由幼兒自製邀請函邀請家長參加，當中並說明需要家長協助配合之事項，通知單的內容擬以感性、活潑的方式呈現，提高家長參與的興趣和欲望。
4. 活動結束後：將活動照片集錦、花絮或具體之作品陳列介紹，除為親子留下回憶外，也讓未參加者瞭解活動內容，吸

引其下次能參與。針對實地參與之家長，發出親職活動滿意度調查表，作為往後設計安排活動之參考，另外，對於熱心參與的家長（特別是爸爸們）予以表揚，以資鼓舞。

(二)具體執行方式

親職教育之執行可分為靜態與動態之活動方式，一般而言，動態式比靜態式受家長青睞，其執行方式分述如下：

1. 招生前的招生座談會：在招生前將會舉行招生座談會，邀請社區中與家中有適齡兒童的家長來參加，說明並宣傳園所的理念與教學方式，以期家長對於園所有更深一層的認識，促進良好親職教育的第一步。

2. 在開學時發給孩子父母一本父母手札：即為發給家長的家長手冊，因為在這多元又多變的社會中，為人父母者除了要自我實現外，更要為培育下一代而忙碌，因此並非每位家長都有時間參與園所所辦之親職活動，為了紓解父母的壓力，並且彌補接觸資訊的不足，特地製作了一本父母手札提供給父母，其內容包括：園所簡介（包括教育理念、教學方式）、家長須知（規定幼生接送事宜、繳費事宜、衣著、請假事宜）、行事曆（單元主題、活動安排、休假日）、單元活動設計（使家長大致瞭解孩子在園內做些什麼單元活動）、成長的軌跡（孩子的各種發展特質）、孩子的行為問題（行為診斷與處理策略）、溝通小品、教養資訊、兒童福利資源簡介與索引。

3. 教室內的布告欄：每班教室外面都設有布告欄，作為教師與家長的溝通管道，教師可將本週的課程計畫、當天的上課內容、希望家長配合瞭解之事務等公布於布告欄上。

4.面對面溝通：老師可利用家長接送幼兒時，利用機會和家長做一些面對面的溝通。

5.定期的訪問：開學前的家庭訪問（對於新生在開學前都希望能做家庭訪問，對其家庭有基本上的瞭解）、不定期的訪問。

6.電話聯繫：每天於固定之時間以電話方式聯繫（例如中午12：00〜12：30或下午4：00〜5：00），如果家長想和老師討論幼生問題可打電話來。

7.每週一次的親師聯絡單（童心園、親子橋）：由各班教師製作的每週一份童心園（或親子橋），內容包括：本週課程活動設計計畫表、老師的叮嚀（如教養資訊、活動公告、兒歌、手指謠）、老師對孩子一週的觀察所得（如童言童語）、家長心語等。

8.各類型親子活動：例如運動會、園遊會、座談會、各種配合課程單元延伸設計的大型活動（如跳蚤市場拍賣、親子造型大賽等）、開學、畢業典禮、配合時令節慶的各項活動（如社區遊行、萬聖節遊行、聖誕節遊行）。

9.到校擔任義工：仿效美國啓蒙方案，提供家長依個人時間、興趣專長來協助課程進行的機會，一方面讓家長瞭解孩子在所內學習的情形，同時增加所內人力資源。例如，協助戶外教學、學習區（角落）分組活動、說故事給孩子聽、帶領小型遊戲或製作點心等。

10.家長教學參觀日：在每學期設計一星期開放給各班家長到園做家長教學參觀日，藉以瞭解孩子的學習環境及學習狀況。

 第二節 親師合作

　　親師合作是親職教育推展之另類方式，也可稱為家長參與（parental involvement），係指家長參與學校活動，通常是指幼兒園邀請家長到學校參與教學活動、觀察幼兒活動、指導幼兒學習、協助教師教學、接受親職教育課程或參與學校決策及計畫課程。

　　學校與家長之間的關係隨著現今學校的種類及學校學區所擁有的人口而有所不同。托兒中心與由家長合作的托兒所兩者在面對家庭與學校的關係時顯著不同；同樣地，公立小學和私立學校的低年級在學校與家庭方面的關係也不相同。每一種幼兒教育課程及每一所特殊學校均具有它們自己的家長參與方式，以及選擇它們自己所關注的活動。

一、親師合作之定義、類型、基本要素及目標

(一)定義

　　家長的參與應廣泛地視為一種選擇，而「判斷什麼是最合宜的」最好也留給家長斟酌。Peterson（1987）為家長參與提供了一個實用的定義：

　　家長的融入或參與可視為帶領家長接觸下述各項的過程：(1)以教育性介入為目的，並有責任為幼兒和家長提供服務之教職員；(2)參與和兒童有關之課程活動，此一活動之目的在於提供父母資訊及協助父母扮演自身的角色。參與意謂著因課程而變得多樣化選擇性的活動，可供選擇的活動之間的差異性受到每

個課程的獨特性、硬體設施、學區中家長與兒童人口數，以及可得資源等方面的影響（pp. 434-435）。

(二)類型

家長的參與含括某些可能的服務及活動，可廣義地區分為以下四類（Peterson, 1987）：

1. 專業人員為父母做的或是提供給父母的事物：服務、資訊、情感支持及建議。
2. 家長為該計畫或為專業人員所做的事：籌募基金、宣傳、提倡或是蒐集資訊。
3. 家長與老師合作可被視為課程延伸的事物：在家中或在學校中教導或個別指導兒童。
4. 家長與教職員共同執行與課程有關的一般性活動：聯合活動的計畫、評估與執行、以訓練者和受訓者的身分合作、討論兒童共同興趣的活動主題，或是作為兒童的協同治療師。

這四種廣義的家長參與類型，從父母親完全被動到積極主動的角色不等，因為家長的需求各不相同，所以學校必須評估、判斷何種參與是其課程最需要的。

(三)基本要素

建立這種參與歷程的基本要素應包含：

1. 允許隨時改變家長參與的層次及型態。
2. 個人化的風格以及參與的次數應符合父母、兒童、家庭及課程的所需。

　　3.為了達成有建設性及有意義的結果，提供父母可選擇的活動
　　　及選擇的權利。

(四)目標

　　提供家長參與的活動，一般而言，應將焦點放在以下所述的一
個或多個目標上：

1.「個別的接觸及互動」：這是提供一個達成家長和教職員之
　　間、家長之間及家長與正在進行的服務活動之間溝通的方
　　法。
2.「訊息分享及交換」：此乃提供正在進行的活動訊息與分享
　　傳達訊息的媒介，建構親師關係、友誼及相互的瞭解。
3.「社會、情感、個人的支持」：目的係建構教職員與家長、
　　家長與家長之間一種相互合作的系統，並設立家長們可以尋
　　求鼓勵、瞭解、諮商及單純友誼的支援系統。
4.「協同關係」：是為教職員和家長創造可以攜手合作朝向同
　　一目標的方法，如此一來，在教育及訓練幼兒的持續性可被
　　家長及教職員所維持。協同關係增進有效團隊工作的機會，
　　並避免家長和教職員最後相互對抗的結局。
5.「強化家長角色」：是使家長增強他們角色的服務、提供兒
　　童直接的服務，並以強化一般家庭系統的方式來協助。
6.「教育及訓練」：是提供家長資訊、特別的訓練或是兩者兼
　　具，來幫助家長獲得對他們孩子的瞭解，以及使父母習得在
　　家中如何管教孩子的技巧，並提供合宜照顧和支持孩子的方
　　法，以及作為他們自己孩子的優良教師。

在設計一個家長參與的計畫時，教師必須確定可以擁有來自學

校及行政方面的支持，以及確定學校中有其他人樂意幫忙。當然教師也必須確定他們擁有或是可以設計出實踐這個計畫所需的技巧，並能找到該計畫所需、且樂於參與並從參與中學習的家長。

　　近來，對於家長參與計畫的重視，已經由將他們視為教育機構的委託人轉移成視他們為決策的參與者。家長對於社區學校的關切，以及家長要求在所有層級的教育政策制定時，家長的意見應被充分瞭解，這可視為父母親擔負教育其子女責任的延伸。

　　家長參與孩子的教育含括有教育上、道德上及法律上的理由。既然孩子是父母親的主要責任，家長應參與教育方面的決定。任何教育課程的成功與否，家長參與是關鍵的因素，特別是設計給有特殊教育需求兒童的課程（Brofenbrenner, 1974），當家長與學校成為合作的關係之後，和兒童一起合作可以超越教室這個空間，在校學習及在家學習可以變得互相支持。

　　教師對於家長參與他們孩子教育的觀點有廣大的差異性，有些教師認為教育兒童時，其家庭背景是不重要的，將家庭排除於學校生活之外。其他人的觀點則認為兒童完全是由其父母親所塑造出來，而將家長與兒童視為一體，在這中間，教師相信關於家庭背景的資訊能幫助他們更有效地與兒童溝通並教育他們（Lightfoot, 1978）。大部分的幼教教師相信要瞭解兒童就必須去瞭解兒童的家庭背景，同時家長參與兒童的教育也是必須的。除此之外，研究顯示家長創造養育的環境，而且家長的教育行為也影響著兒童的功能作用。Schaefer和Edgerton（1985）及Swick（1987a, 1988）也發現有效能的家長比缺乏自信的家長參與更多的活動。根據White（1988）的研究，家長的品性及行為與建設性的參與模式具有關聯性，例如，高度教養的行為、支持性的語言活動、明確而一致的紀律、支持性的家長態度、設計家庭學習的技巧，以及運用社區支援的豐富資源。研究同時也顯示家長的參與會影響兒童人格特質

的品質，例如，正向的自我形象、樂觀的態度、建設性的社會關係取向（Swick, 1987b），以及語言的獲得、動作技能的學習、概念的獲取和問題解決的能力等（Schaefer & Edgerton, 1985; Swick, 1987b）。

二、 家長的權利

表面上，不僅是在美國文化中，台灣文化亦然，父母親有權利以任何他們覺得合適的方式來養育他們的孩子，然而事實上，家長的權利很明顯是被剝奪的。沒有任何家長有權利對他們的孩子施以身體上或情感上的傷害，家長必須送他們的孩子上學一段時間或是提供一個合理的選擇，這種要求多來自於維持社會秩序的文化需求及兒童和家長的個人需求。

如此一來，家長對於孩子的擁有關係絕非我們這個社會所能允許，然而在許多學校中，教師覺得他們決定提供何種經驗的權利是不可侵犯的，是社會重視他們的特殊知識所賦予的權利。直到最近，人們才開始認清兒童的權利，並成立倡導兒童權利的團體或立法來保護兒童被父母或社會機構侵犯的權利。

現今教育所面臨的主要問題是，家長希望及要求在某種程度上應該擬定出一套合法約束教師行為的條文。傳統上，學校在作決策時，家長是被排除在外的，會至學校會見老師的家長都是來聽訴、接受通知、接受安撫及接受諮商的，教師的確很少將家長視為有關班級課程決定時的來源之一。

另外，與失能兒童的家長一起合作之重要性益增，自從美國公法第94-142號條款，也就是《殘障兒童教育法案》通過之後，這些兒童在接受評鑑前必須先得到家長同意，此外，他們有權檢視有關安置他們孩子的所有紀錄，也有權參與同意他們孩子的個別教育計

畫（IEP）的發展。除此之外，他們有權依據他們孩子的教育提出意見。這條法案的要求範圍經由公法第99-457號條款，即上述法案之修正案而擴延至幼兒。

三、親師之間的關係

衝突常常成為「學校和家庭」、「學校和社區」之間關係的特色，尤其是在較貧窮或少數民族的社區之中。這種衝突可視為對學校的一種回應，藉以傳達壓抑及表達自由解放與互動的工具（Lightfoot, 1978）。無論觀點如何，學校必須找出方法來超越各種既存的衝突，並且依兒童的最佳利益加以運用。

許多家長相信學校在提供兒童合宜的教育這方面是失敗的，他們是根據學生在學業領域缺乏成就及高輟學率來證明此一信念。遺憾的是，此一態度是依據美國學生教育成就日漸低落的事實而來，然而，我們也該比較美國國內及比較美國和其他國家之間的差異。許多標準化測驗分數都受到所謂的Lake Wobegon（烏比岡湖）效應，也就是說大多數兒童的測驗分數都超越平均數。此外，以相同方式得自於不同國家的測驗分數不能證明其人口類型都是相同的。

就如同家長可能會對教師和學校有錯誤的概念，教師對家長和家庭可能也會有錯誤的概念。教師也許會低估家長的技巧，他們也可能低估了家長生活中各種不同的壓力。家庭生活可能是壓力的來源，除此之外，家長的壓力可能來自於：

1.工作時數：家長工作的時數愈多，他們遭遇到的問題也愈多。

2.缺乏工作自主權：無法控制工作時數的家長會經歷到工作和家庭責任平衡的衝突。

3.工作需求：有工作需求及工作狂熱的家長通常比較少工作需

求的家長有更多的壓力。

4.與上級的關係：家長和其上級的關係有助於決定他們的福利
（Galinsky, 1988）。

Galinsky（1988）提出以下幾點建議供教師與家長更有效地合
作（邱書璇譯，1995）。

1.瞭解你自己的期望：當教師與家長關係產生衝突時，教師應
該捫心自問：「自己的期望為何？這些期望是否可行？」

2.瞭解家長的觀點：當教師不瞭解家長的行為時，他們應該問
自己：「如果這個發生在我身上，我會有什麼感覺？」

3.瞭解家長的發展：就如同兒童一樣，家長也會成長、發展，
而教師必須瞭解這種成長。

4.思考自己的態度：教師需要評估自己對家長的感覺，並且嘗
試將觸角延伸到最難溝通的家長身上。

5.接受對立性：家長因為文化不同，可能在某些事情上和教師
有不同的意見，教師必須找到接納不同家長的方法。

6.獲取支持：遇到衝突時，教師必須有可以傾訴的對象。他們
必須尋求自己的支持來源，例如，在同一課程中的教師或其
他的教師。

7.為自己的角色設定合宜的限制：和家長合作時，教師必須確
立自己的角色，例如：

(1)提供養育兒童的資訊及建議。

(2)提供情感上的支持。

(3)提供模仿效法的角色。

(4)最重要的是：接受委託。

8.思考自己所用的語彙：語言代表了訊息，教師必須確定他們
運用合宜的語言來傳達正確的訊息。

9.提供不同的專門知識：教師必須建立增強家長專門知識的聯
　繫。有位教師描述了此種策略：

教師可告訴家長們在學校注意到的事並且說：「讓我們一起來
討論。」教師可瞭解家長在家做了哪些工作，如此一來教師則
可以在學校中嘗試，反之亦然。在教師和家長的關係之中包含
了施與受（Galinsky, 1988: 11）。

親師關係的內容可以有很大的差異，教師應對家長的需求感覺
敏銳並盡可能提供各式各樣不同的課程。教師可能要和家長溝通兒
童的學習歷程、分享資訊、參與解決問題、組織家長會、發展親職
教育課程、督導班級的參與、提供專門的諮詢給決策團體等。親職
課程中的每一部分都需要來自教師不同的技巧和策略，雖然教師並
非是家長的諮商輔導員，通常也缺乏教育家長的準備，然而教師的
地位允許他們以一種特殊的方法來為家長提供服務，在教師本職學
能和角色的範圍之內，他們應該接受各方面的挑戰。

第三節　園所、家庭與社區

對每個孩子來，說父母是兒童第一位、也是最重要的啟
蒙老師，其言行舉止受到父母的影響很大。舉凡學前教育準備
（preschool readiness）以及入學後的持續關懷與輔助（continued
support and assistance），都會影響兒童學習與成長。

而隨著兒童年齡的增長，其生活世界也逐漸地從父母的懷抱及
家庭成員，擴大到周邊及其他社會環境，並逐漸受到同儕朋友以及
報章雜誌、電視、網路等大眾傳播媒體的影響。這些大環境中的影
響力，在兒童上學之後繼續擴大，成為一股不可忽視的教育動力與

資源。許多教育研究都指出，這些動力與資源，若不能與學校教育相配合，將造成許多不良後果（Honig, 1982; Hymes, 1975; Powell, 1989）。

隨著社會工商結構的變化，雙薪家庭增加，父母與孩子在一起活動的親子時間因此減少。另外，網路及其他傳播媒體的發達，也擴大兒童及青少年的視野與學習範圍，使孩子們受到各種不同環境的影響，間接地減少了學校的功能。尤其兒童在學校受到管教的時間，每天平均最多也不過三分之一，因此，要改進教育，提高學習成效、改變人民素質，除了學校方面，更需要家庭的合作、父母們的參與，以及全體社會的協助才能達成。在美國近一、二十年來的教改運動中，結合家庭、學校、社區的力量來改善教育即為施政重點之一。例如，在2000年教育目標中，即有一項呼籲每所學校需盡力倡導及建立與家庭的合作關係，促進家長對教育的積極參與（U. S. Department of Education, 1997；引自賴佳杏，2004）。此外，1996年美國柯林頓總統夫人希拉蕊所著《全村之力》（*It Takes a Village to Educate a Child*），特別強調家庭和社區參與教育工作的必要性（Clinton, 1996）。

一、家庭、學校及社區之間夥伴關係之建立

賴國忠（1998）綜合方崇雄（1998）、林振春（1997）、湯梅英（1997）等人的研究，提出「學校社區化，社區學校化」的夥伴關係理念；王秀雲（1999）強調可利用「參與式的設計」來涵蓋行政、教師、社區、家長和學生多項交互作用的夥伴關係，適時的加入校內教職員生與家長方面夥伴關係的研究。

(一)家長及社區參與的意義

◆家長參與的意義

　　有些學者主張只要家長關心自己子女的教育所採取的行動就算是家長參與的一種；有的則認為須有特定的活動形式才稱得上是家長參與；更有研究指出，家長參與學校作決定的行列才算是參與（Goldring & Sullivan, 1996）。參酌國內外文獻與我國家長參與之現況，「家長參與」係指任何足以讓家長加入教育過程的活動形式，這種參與包括在學校內發生的，也包括於校外與家中進行的活動（鄧運林，1998）。

◆社區參與的意義

　　在社區與學校的關係中，社區若未能獲得學校教育的協助，社區的發展將會有所阻礙，社區需求的滿足與生活品質的提升，將無法有效達成。因此，社區與學校應相互配合，使教育系統與社區人文環境相結合，營造出活潑而有吸引力的學習環境，發揮教育的最大功能。所以，建立教育夥伴關係的基本策略應是發展自身成為學習型組織，使得社區能結合家長與學校，在平等、互助及互惠的原則下，建立支持、協助及互動的管道，彼此建立雙向性的合作，充分利用社區與學校的資源，促進學校教育與社區的健全發展。

(二)學校的工作

　　為促進教育夥伴關係，學校應負主導責任，可做之具體工作如下：

◆教導父母如何做好父母

　　可透過親職教育研討會，藉此提供父母一些親職知識與技能，教導如何撫育各年齡及發展階段的兒童。

◆與父母保持密切聯繫

1. 可透過召開家長會、親師座談會，說明學校的教育理念、討論學校事宜、談談孩子的狀況、做好雙向溝通，以及彼此如何合作等。
2. 教師亦可利用電話或家庭訪問，瞭解學生狀況。
3. 利用家庭聯絡簿來當作家長與父母之間的橋樑，要求學生帶回給父母簽字，以便讓父母瞭解孩子在校的情形。

(三)家庭與父母的工作

　　作為良好的教育夥伴，父母能協助的事情包括下列幾項：

1. 幫助小孩做好上學的心理建設。
2. 關心孩子課業，予以適當輔導。
3. 對於學校舉辦的活動積極參與。
4. 主動與教師聯繫溝通。

◀舉辦家長會、親師座談等，提供父母正確的教養資源

5.隨時向學校提供建議與看法。

(四)社區機構的工作

社區機構，包括：政府、公／私立機關，有許多教育資源，若能積極投入學校教學，對學生的學習有莫大助益，其具體工作包括：

1.能讓在職父母於上班時間請假參與學校活動。
2.警察單位與家庭及學校合作，維護學生守法及校外安全，並預防學生的不良行為。
3.利用晚間及週末借用學校場所及設備來舉辦文教活動，服務家長及學生。
4.提供托兒場所，舉辦親職教育講座及討論會來幫助員工教育子女。
5.提供資源支援學校辦理教育活動並營造學習機會。
6.提供獎金幫助貧窮學生。
7.提供課後輔導協助學生。
8.提供參觀或暑期實習的機會。

二、家庭、學校及社區夥伴關係對親職教育的重要性

家庭、學校及社區此三者夥伴關係教育的重要性可從以下幾方面來探討：

(一)時代潮流趨勢

在民主國家，各國皆重視社會、家庭對學校教育的支持和投入，期望在親師合作下，營造更好的教育願景，給孩子多元的學習

環境，一起帶領孩子適性發展。

(二)分擔教育責任

教育需要親師共同關懷、協助，學校教育需要社會、家庭、學校來分擔教育的責任，如此，孩子的學習、成長才能有全方位的發展。

(三)共同參與成長

學校是社區的學習中心，而社區是學校教育場所的延伸，家長的參與及關懷學校教育，不但能得知教育現況，協助孩子成長，更可藉此拉近親師間及親子間的距離。現在是親師合作的時代，家長不但能藉此來自我成長，同時家長參與學校教育也是世界潮流的趨勢（邱花妹，1998）。

因此，家庭、學校及社區間應緊密相互配合，尤以家長與教師之間的合作，對孩子的影響很重要，以下簡要說明親子教師以及親師合作之重要性及方式。

◆活水的源頭──親子教師

家是孩子出生後所面對的第一個社會，而父母則是孩子第一個接觸的親人和老師。因此，父母的言行、家人之間的互動、家庭的氣氛，都深深影響孩子的一生。我們常說：「有好父母，才有好子女」、「好子女，常出自好家庭」。因此，學習做一個好父母，是一件很重要的事，也是一件刻不容緩的課題。現代父母在教育子女方面，必須先瞭解自己的職責，然後扮演好自己的角色，營造良好的親子關係，教育出身心健康的子女。

◆蓄勢待發──親師合作

1. 親師合作的重要性：若家中有寶貝要上學了，這是一件大事。父母和孩子都會感到非常興奮，因為孩子要離開家庭進入幼稚園和托兒所，和許多小朋友一起學習，父母和孩子都期望能很快地適應團體生活，喜歡上學、快樂的學習，跨出成功的第一步。的確，幼稚園和托兒所是孩子一生中第一所正式的學習場所，也是孩子進入團體生活中成長學習的第一站。幼兒的學校教育在童年生活中扮演著非常重要的角色。園所在實施各項教學活動時，非常需要家長的瞭解、支持與配合，如此才能達到維護孩子身心健康，養成良好生活習慣，培養孩子團體合作的教學目標。因此，父母與老師之間必須搭起一座溝通的橋樑，經常保持聯絡，共同為孩子的教育盡心與成長。

2. 親師合作的方式：親師合作有許多方法，提供父母作為參考，以瞭解學校的各項教學活動、教育方針、學校特色和老師經營班級的方式等，孩子受益最大。

   (1) 口頭聯絡：這是最快、最直接的聯絡方式。例如，電話交談、接送時交談、約談、家庭訪問等。可經常實施。

   (2) 面談：要事先與老師聯絡，約定面談時間，以免影響正常上課運作。

   (3) 文字聯絡：例如，聯絡簿、聯絡卡、通知單、刊物等。父母需每天親自簽聯絡簿，從聯絡簿上可以知道老師交代的事項，提醒孩子攜帶的物品，和老師對孩子的關注與鼓勵。如果家長對學校的措施有疑慮，也可以寫在聯絡簿上詢問，更可以藉聯絡簿的一角，溝通彼此的教學理念。可經常實施。

(4)家長參觀教學日：如參觀教學環境及設備、教保活動、教具展、才藝表演、親師座談會，提供教學、餐點、學習、在園情況、健康等資料。每學期至少一次。

(5)參與校外教學活動：天眞活潑的孩子在戶外教學時，需要更多的照顧。有了家長的支援，不但孩子安全無虞，父母更能實地觀察孩子的學習情形，以及孩子與其他小朋友互動的情形，作爲教育孩子的參考。相關活動表格及檢討請參考**表8-1**。

(6)家長參與：如協助蒐集教學資源、製作教具、設計製作餐點、教學、照顧幼兒、環境維護與布置、文書、圖書與視聽資料整理、觀察記錄幼兒行爲等。於每學期開學時，舉辦「家長參與說明會」，並調查家長的專長與意願，再做整體規劃，於學期中實施。

表8-1　活動表格及檢討

項目	內容		
活動名稱			
時間			
地點			
負責人員			
會議主持人			
參與人員			
特殊情形			
經過與處理			
心得感想			
檢討與會議			
經費支出			
備註			
簽名	主管	記錄者	日期

(7)公布欄：對於較獨來獨往的家長，公布欄是使其獲得有關幼兒與保育機構各種資訊的地方。

(8)親子活動：例如，慶生會、郊遊或烤肉、運動會、園遊會、舞會、露營、旅遊、聚餐或茶會等。每學期至少舉辦兩種以上不同的親子活動。

(9)參加親師懇談會或親職講座：親師相關活動不是經常舉行，因此希望家長放下忙碌的工作，務必參加。一方面為孩子的教育付出一點心力，另一方面讓孩子感受到父母親的關心。在懇親會上，老師和家長互相認識，瞭解教師的教學理念與輔導方法，老師與參與的許多家長互相激勵，並分享彼此的教養經驗，家長也可以提出自己對班級經營的期許，與老師建立教養共識和互動默契，亦可提供改良讓老師參考。

(10)參觀教學成果展：父母到學校看一看孩子的學習情形，瞭解孩子與同學互動的情形，互相觀摩孩子們的活動成果及作品，作為輔導及教育的參考。

(11)參加畢業小朋友回流的聯誼活動：從幼稚園和托兒所畢業的小朋友，會在聯誼會上報告他們的學習過程和學習心得，父母從孩子互相交換學習心得的活動中，瞭解孩子在不同階段，有不同的身心發展，因此學習方式不盡相同，為幼小銜接做好準備。

(12)父母再教育：例如，親職教育演講或座談會、父母親專線、媽媽教室、圖書借閱、父母親成長團體等。親職教育演講或座談會每學期至少一次；父母親專線、媽媽教室及圖書借閱可經常實施；父母親成長團體可每週一次，每學期可聚餐八至十次。

(13)提供親職教育資訊：如提供親職教育文章、書刊、研究

報告等。可經常實施。

◆家長如何參與學校活動

　　有些學校有家長會的組織，集合了許多熱心的家長，提供社會資源，增添學校設備，投入心力，使孩子有一個更理想的學習環境。學校非常歡迎家長一起加入導護工作、美化學校環境、文書處理、圖書資料整理、支援教學活動、游泳池管理等服務的行列，共同為孩子創造優質的學習環境，作為孩子發揮熱忱、服務社會的榜樣。

三、園所與社區連結可能面臨的阻力與因應之道

　　推行家庭、學校與社區合作的夥伴關係教育，可能面臨來自於教師及家長兩方面的阻力，該如何因應？有關於來自教師的阻力，其原因可能為教師缺乏訓練或在學校擔任的工作較繁重，無法或無暇與家長合作。其解決的方法為：針對此阻力，學校首先需認定推展家庭與社區夥伴關係，是必要的例行工作，是教師的工作之一。另外，可從師資培育的課程及訓練活動中，加入有關家庭與社區合作的策略、技巧與理念。再者，可以學區以及學校之間舉辦研習會或研習班，討論推展家庭合作的經驗與做法。

　　至於來自家長的阻力，其原因可能為家長工作忙、知識程度較低、不夠積極主動等原因而無法與學校合作。其解決的方法為：教師能主動與家長聯繫溝通。另外，學校提供必要的指導與輔助。再者，教師能留意家長的需求並予以適當關懷。

　　家庭、學校及社區，都肩負教育下一代的使命。雖然各自的功能與影響力有所不同，而且也會隨著兒童年齡的增長以及社會的變遷有所改變，但三者之間互動所造成的整體教育大環境，對兒童的發展與學習，具有決定性的影響力，唯有結合這三種力量，使其成為三合一的夥伴關係，並形成一種支持家庭的資源系統（**圖8-1**），

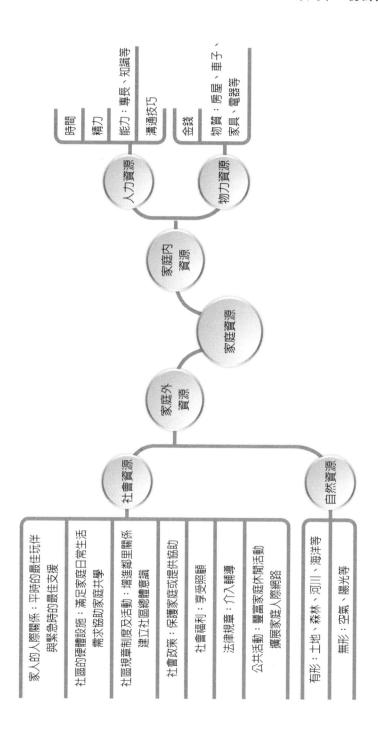

圖8-1　兒童教保機構之家庭資源系統

人力資源
- 時間
- 精力
- 能力：專長、知識等
- 溝通技巧

物力資源
- 金錢
- 物質：房屋、車子、家具、電器等

家庭內資源

家庭資源

家庭外資源

社會資源
- 家人的人際關係：平時的最佳玩伴與緊急時的最佳支援
- 社區的硬體設施：滿足家庭日常生活需求協助家庭共學
- 社區規章制度及活動：增進鄰里關係建立社區總體意識
- 社會政策：保護家庭或提供協助
- 社會福利：享受照顧
- 法律規章：介入輔導
- 公共活動：豐富家庭休閒活動擴展家庭人際網路

自然資源
- 有形：土地、森林、河川、海洋等
- 無形：空氣、陽光等

才能眞正有效地改進教育，因此，親師合作是一必然的趨勢，一方面可以支援學校教育的不足，另一方面可以支援父母成爲優質父母，強化家庭互動關係，以培養優質的下一代。

參考文獻

Bronfenbrenner, U. (1974). *A Report on Longitudinal Evaluations of Preschool Programs: Is Early Intervention Effective?* Washington, DC: US, Department of Health, Education and Welfare.

Clinton, H. (1996)。〈同村協力教育兒童〉。《天下雜誌》，11，66-73。

Galinsky, E. (1988). Parents and teacher-caregivers: Sources of tension, sources of support. *Young Children, 43*(3), 4-12.

Goldring, E. B., & Sullivan, A. V. (1996). Beyond the boundaries: Principals, parents, and communities shaping the school environment. In K. Leithwood et al. (Eds.), *International Handbook of Educational Leadership and Administration*, 195-222. Netherlands: Kluwer Academic Publishers.

Honig, A. S. (1982). Parent involvement in early childhood education, In Spodek, B. (ed.), *Handbook of Research in Early Childhood Education*. New York: Free Press.

Hymes, J. L. (1975). *Effective Home School Relations*. (Rev, Ed.). Carmel, CA: Hacienda Press.

Lightfoot, S. L. (1978). *Worlds Apart: Relationship Between Families and Schools*. New York: Basic Books.

Peterson, N. L. (1987). *Early Intervention for Handicapped Children and At-Risk Children: An Introduction to Early Childhood Special Education*. Denver: Love Publishing.

Powell, D. R. (1989). *Families and Early Childhood Programs*. Washington, DC: NYEYC.

Schaefer, E. S., & Edgerton, M. (1985). Parent and child correlates of parental modernity. In I. E. Sigel (Ed.), *Parental Belief Systems: The Psychological Consequences for Children* (pp. 287-318). Hillsdale, NJ: Erlbaum.

Swick, K. J. (1987a). *Perspectives on Understanding and Working with*

Families. Champaign, IL: Stipes.

Swick, K. J. (1987b). Teacher reports on parental efficacy/involvement relationships. *Journal of Instructional Psychology, 14*, 125-132.

Swick, K. J. (1988). Parental efficacy and involvement: Influences on children. *Childhood Education, 65*(1), 37-42.

White, R. V. (1988). Motivation reconsidered:The concept of competence. *Psychological Bulletin, 66*, 297-333.

方崇雄（1998）。〈科技教育師資培育的夥伴關係〉。《中華工藝教育》，31（5），頁8-12。

王秀雲（1999）。〈社區時代來臨的校園文化再造〉。《教育資料與研究》，第30期，頁1-6。

林家興（1997）。《親職教育的原理與實務》。台北：心理。

林振春（1997）。〈從社區與學校互動談如何落實學校社區化〉。《教師天地》，第86期，頁11-15。

邱花妹（1998）。〈親師攜手，共繪孩子的未來〉。《天下雜誌特刊》，第23期，頁150-153。

邱書璇譯（1995），Carol Gestwicki著。《親職教育——家庭、學校和社區關係》。台北：揚智文化。

湯梅英（1997）。〈學校社區化——舊觀念？新口號？〉。《教育資料與研究》，第19期，頁2-8。

黃堅厚（1996）。《我國家庭現代化的途徑》。台中：中華民國幸福家庭促進協會。

廖得雄、顏秀雄（1987）。《推展親職教育之策略》。高雄：復文書局。

鄧運林（1998）。《開放教育新論》。高雄：復文。

賴佳杏（2004）。〈家庭、學校、社區三合一的夥伴關係教育〉。《網路社會學通訊期刊》，第38期。

賴國忠（1998）。〈營造學校與社區雙贏的夥伴關係〉，《北縣教育雙月刊》，第24期，頁58-60。

謝高橋（1994）。〈家庭組織和型態變遷〉，《婚姻與家庭》，8（3）。

第九章

兒童教保機構評鑑

- 兒童教保機構評鑑之功能與發展
- 兒童教保機構評鑑內容
- 評鑑準備

　　評鑑（accreditation or evaluation）是一種專業品質的價值判斷，亦是一種價值的責信（accountability）。評鑑之目的在於追求自我改進，而不在力求證明，故評鑑最大目的乃在於自我機構的診斷、檢討及尋求改進。近年來，機構或學校（甚至大學）為了品質及形象，各種品質控制（quality control）的評鑑模式被建構與執行，以成為公民社會（civil society）的全民運動。

　　兒童教保機構身兼學校及服務業之性質，提供高品質的托育環境是政府責無旁貸之責任，一方面可使機構具有責信，另一方面又可讓託負照顧之成人無後顧之憂。隸屬兒童教保機構之主管機構——內政部兒童局、教育部國教司，依據《兒童及少年福利與權益保障法》及《幼兒教育及照顧法》也身負評鑑之責，又機構評鑑亦成為主管機關之業務要項。

　　教育學者黃炳煌（1977）提出教育評鑑具有三項特徵：(1)評鑑是一種歷程，包括一系列的步驟與方法；(2)此一歷程是有系統及正式的歷程；(3)其重心是對可能途徑予以價值的評判，以供決策者參考。

　　幼兒教育學術委員會（National Academy of Early Childhood Program, NAECP）認為評鑑是一種認可（accredit）制度，其目的有二：(1)幫助幼教從業人員與促進真正改進幼兒園品質的程序；(2)為認可實質上達到高品質標準而進行的歷程活動。

　　評鑑對機構而言具有診斷與改善的功能；然而對主管機關而言，評鑑是對立案兒童教保機構的管理方式之一，目的在促進其教保品質提升，充分發揮托育功能，並增進兒童福利；對家長而言，則是對機構之認可，以供為其選擇機構之依據；對受托之幼兒而言，更是兒童權益的保障。

第一節　兒童教保機構評鑑之功能與發展

評鑑具有診斷及管理之目的，以幫助教保機構促進有品質的教保活動，其是一種回饋過程，以達到教保觀念的溝通、資料檢核及問題解決，以求機構瞭解優劣點，並求更進步的發展。

一、兒童教保機構評鑑之功能

園所的教育評鑑就像做一次「身體檢查」一樣，可瞭解各園所的設施實況，以作為改進參考。因此，實施園所評鑑是非常必要的，因評鑑至少有下列四項功能（蔡春美，2000）：

1. 提供公正而客觀的資料，讓家長、社區人士能瞭解園所的實際狀況。
2. 透過公正的評鑑制度與過程，給績優園所應得的獎勵，肯定其平日的辛苦。
3. 引導各園所實施正常化教育，使我國的幼兒教育能步上正軌。
4. 發現問題，提出建議以輔導園所，並供政府決策參考。

因此園所的評鑑工作應列為政府每年的行政項目，列出專款，由專人辦理，以求幼兒教育的繼續長程追蹤輔導，才能促成幼兒教育的正常發展，奠定國民教育的健全基礎。

二、台灣兒童教保機構評鑑之方式

美國著名的幼教大師Lilian G. Katz對評鑑方式提出下列的看法

（廖風瑞譯，2002）：

1.上而下的觀點：幼教機構的品質，可由機構的負責人或政府的立案機構，依據一些特定的項目（如場所、設備及其他特色）來加以評鑑。

2.下而上的觀點：從兒童本身實際參與幼教機構的真正經驗來評鑑機構的品質。

3.外部到內部的觀點：從幼教機構所服務的家長，其在該機構中的經驗與對該機構的看法，來評鑑機構的品質。

4.由內部到外部的觀點：從機構內工作人員的角度來看機構的品質。

5.外部的觀點：由幼教機構所處的社區及社會大眾的觀點來檢視機構的品質，是評鑑幼教機構品質的最終觀點。

目前台灣托育機構的評鑑方式仍停留在由上而下的觀點為主，由各縣市政府編列預算，自辦或委託學校及民間單位負責評鑑事宜（蔡延治，2006）。

三、台灣教保機構評鑑之發展

(一)托兒所評鑑

台灣評鑑制度發展較晚，有關托兒所評鑑發展的文獻有限（蔡延治，2006）

1.民國29年，行政院公布《私立托兒所監督及獎勵辦法》。

2.民國32年，社會部公布《獎懲育嬰育幼事業暫行辦法》。

3.民國52年，政府頒訂《獎助私立救濟福利設施要點》，每年

固定編列獎助預算，獎助私人創設托兒所，並充實教保設備，考核成績優良者，發給獎狀獎金以資鼓勵，為托育機構評鑑的先驅。

4.民國62年，《兒童福利法》第十一條規定：「私立兒童福利機構之設立，應予獎勵；其設置標準與立案程序，由內政部定之。」

5.民國62年，《兒童福利法施行細則》第二十四條規定：「中央及省（市）、縣（市）主管機關對兒童福利設施，應定期視察與督導，其成績優良者，酌予獎助。」

6.民國70年，《托兒所設置辦法》中第二十二條規定：「辦理托兒所成績優良及資深績優人員，當地主管機關應予以現金、實物或其他榮譽之獎助，其成績特優者應報請省（市）政府予以獎助。」第二十一條規定：「托兒所不按規定填具各項工作、業務報表送當地主管機關核備者；遷移未依規定辦理者；辦理不善，妨害兒童身心健康者；強迫兒童信教或有其他不正當之行為者。當地主管機關應令其改進，其不加改進或違反法令者，勒令暫停收托，情節重大者得撤銷立案。」

7.民國74年2月5日台灣省政府《台灣省輔導托兒所業務實施要點》。

8.民國82年，內政部舉辦全國兒童福利機構評鑑。之後，每三年進行機構評鑑。

9.民國83年，內政部社會司以普查的方式，辦理第一次台灣區托兒所評鑑，受評托兒所超過三千五百家，其主要目標為：

　(1)落實兒童福利政策，健全托育服務，加強托兒所管理與輔導。

　(2)提供兒童健全成長之良善教保環境，充實改善托兒所設

備。

(3)獎勵托兒所及保育專業人員，並公開表揚。

(4)輔導管理不善之托兒所長期改善，以提升服務品質。

10.民國86年開始，台北市托兒所評鑑委託大專院校或民間機構進行。

11.民國89年3月30日內政部兒童局訂頒「托育機構評鑑作業規範」。

12.台北市於民國89年3月設立「台北市政府托育資訊服務網站」，為全國首創提供立案托兒所、兒童托育中心電子地圖查詢服務。

13.民國90年，內政部兒童局頒行「托育機構評鑑作業規範」。並要求當地政府每三年進行評鑑。

14.民國92年，台北市在92年度評鑑以更系統的方式實施，並訂出其評鑑流程（**圖9-1**），之後各縣市政府也依法每三年進行機構評鑑。

(二)幼稚園評鑑

目前幼稚園評鑑是依《幼兒園評鑑辦法》，再依據教育部公布之「公私立幼稚園評鑑及獎勵實施計畫」再各自訂立，而教育部是依據「發展與改進幼兒教育中程計畫」來訂定（**專欄9-1、專欄9-2**）。以台北市為例，台北市政府教育局自民國76年開始實施公幼，全力推動幼兒教育，並於民國82年依《台灣區公私立幼稚園評鑑實施要點》進行全面評鑑。然台灣地區自民國70年《幼稚教育法》公布後，即有各零星的「幼稚園評鑑」，開始由台灣省教育廳補助所屬各縣市，甚至由教育部請學界引進美國學校評鑑制度，如「背景—輸入—歷程—成果」（CIPP評鑑模式）及「幼稚園本位發

展」（Kindergarten-Based Management, KBM）的評鑑模式。

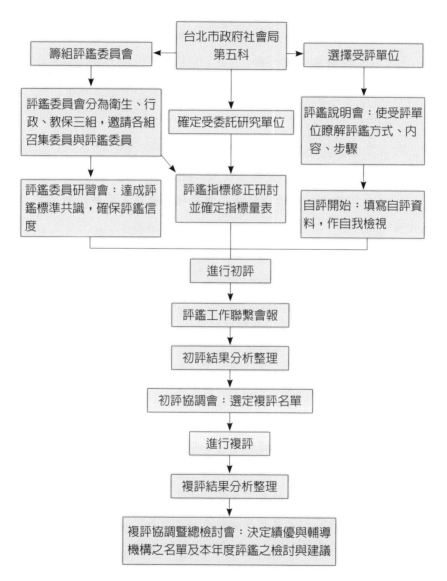

圖9-1　台北市托兒所評鑑流程

資料來源：台北市政府社會局（2003）。

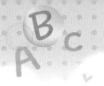

專欄9-1　教育部公私立幼稚園評鑑及獎勵實施計畫

教育部90年5月30日台（90）國字第90077086號函核定

一、依據：教育部「發展與改進幼兒教育中程計畫」。

二、目的：

　1.引導幼兒教育正常發展並提升幼兒教育品質。

　2.瞭解全國公私立幼稚園現況，輔導幼稚園優質成長。

　3.表揚並獎助績優幼稚園，透過視導觀摩，發揮幼稚園特
　　色

　4.配合幼兒教育券之發放，提供民眾選擇績優幼稚園。

三、對象：

　1.全國各立案之公私立幼稚園。

　2.每一幼稚園均應逐年接受評鑑。

　　(1)每一縣市每年評鑑園數以五十園為原則，三至五年為
　　　一循環，轄內總園數不足者，應於當年度全數列入評
　　　鑑對象。

　　(2)直轄市、縣市政府依地方特色及公私立幼稚園資源條
　　　件之差異辦理評鑑，每年受評園數宜依公私立總園數
　　　比例訂定。

四、評鑑項目：強調幼稚園發展特色，常態化的園務經營與班
　　級教學內涵，並兼顧親職教育與社區良性互動，其評鑑重
　　要指標（及其評分比重）應包含下列各項：

　1.幼教行政（40%）：

　　(1)有關幼稚園人事會計制度事項。

(2)有關幼稚園配合中央及地方教育主管機關政策事項。

2.教保內涵（20%）。

3.教學設施及公共安全（30%）。

4.社區融合度（10%）。

相關評鑑內容項目由直轄市、縣市政府教育局依上開指標並配合地區特性規劃之。

五、實施方式及流程：

1.地方主管教育行政機關應籌組評鑑工作小組，並訂定評鑑計畫及相關書表格式報部備查。

2.評鑑委員之聘請，應具操守、學養及豐富幼教實務經驗為原則。

3.評鑑工作開始前應辦理評鑑委員講習會，其中應列幼教政策之宣導。

4.年度評鑑工作應於當年度11月底前完成，除將執行成果撰寫報告後彙整報部外，並應提列應表揚之幼稚園及人員（含具體績效）。

六、獎勵及輔導：

1.直轄市及縣市政府依評鑑結果予以適當獎勵，缺失者續予追蹤輔導。

(1)績優獎：評鑑結果擇取評鑑總園數之五分之一予以獎勵，每園除獎牌（狀）外，另發予二十萬元獎勵金，用以改善教學設施及教師教學研究之需。

(2)追蹤輔導園所視實際進步情形酌予補助。

2.接受獎勵之幼稚園，如發現於評鑑時有作假情事，經查屬實者，追回各項獎勵物品。

3.受獎之幼稚園，其獎勵金除辦理教學觀摩外，限用於充

　　實有關教學設備及提供教師教學研究，違反者除追回獎
　　金外，三年內不再予以任何獎勵。

七、經費來源：評鑑所需經費由教育部編列預算支應。含業務
　　費（每評鑑一園以三萬元為原則，離島地區視實際需要加
　　給交通費）及獎勵經費，不足者由各地方政府編列預算配
　　合辦理。

八、辦理本項評鑑工作績優人員視需要由本部或各主管機關依
　　相關規定予以適當獎勵。

台北市92年度幼稚園評鑑實施計畫

專欄9-2

一、依據：教育部公私立幼稚園評鑑及獎勵實施計畫。

二、目的：為瞭解本市幼稚園現況，期透過評鑑過程、獎勵績
　　優、追蹤輔導等措施，促進幼稚園自我成長；並藉以引導
　　幼兒教育正常發展，提升教育品質。

三、指導單位：教育部。

　　主辦單位：台北市政府教育局（以下簡稱本局）。

　　承辦單位：台北市松山區民權國民小學。

四、評鑑方式：採自我評鑑和委員評鑑。

　　1.自我評鑑：各幼稚園依據評鑑手冊各項指標進行自我評鑑。

　　2.委員評鑑：由本局組成評鑑小組到園實地進行訪視評鑑。

五、評鑑對象：

　　1.自我評鑑：本市幼稚園皆須參加。

　　2.委員評鑑：

依本市十二行政區分五組評鑑，每年受評園數約八十所，以五年為一循環方式完成本市所有幼稚園之評鑑，五組受評年度如下：

91年度：大同區、信義區、中山區。

92年度：內湖區、南港區、萬華區。

93年度：士林區、中正區。

94年虔：文山區、北投區。

95年度：大安區、松山區。

六、評鑑項目：

1.幼教行政（含園務行政）（40%）。

2.教育與保育（含社區融合度）（30%）。

3.教學設施及公共安全（30%）。

七、評鑑程序：

1.自我評鑑：各幼稚園組成自我評鑑小組（可邀請友園參與，進行合作評鑑）→召開園務會議共同討論→填寫基本資料及園方自評說明→

　┌→當年度受評幼稚園請將自評資料（評鑑手冊）送承辦學校彙辦。
─┤
　└→其餘幼稚園請將自我評鑑記錄表（附件）送教育局第四科查考。

2.委員評鑑：

(1)初評時間為92年3月至4月，複評時間為5月至6月，訪評日期不事先通知。訪評時間以全天為原則，並於上午8：30以前抵園。

(2)訪視結束後，由委員於評鑑手冊上作成訪視紀錄與建議。

八、獎勵與輔導：

　(一)獎勵

　　1.本年度受評總園數五分之二提列優等並列入複評。依複評結果擇取二分之一予以教育部績優獎勵，每個發予獎牌乙面及獎勵金，每位教師及相關行政人員四名得核予嘉獎二次；另評鑑優良者由本局發予獎牌乙面，每位教師及相關行政人員二名得核予嘉獎乙次。未達績優獎勵標準者得以從缺。

　　2.績優獎勵金限用於辦理教學觀摩，充實或改善教學設備與設施及提供教師教學研究，違者除追回獎金外，三年內不再予任何獎勵或輔助。

　(二)輔導

　　1.評鑑結果績效不佳者，列入追蹤輔導接受本局之輔導措施，並視實際進步情形酌予補助。

　　2.如未積極改善者，將公布名單，並於三年內不得受領本局其他補助經費。

九、受獎之幼稚園如發現於評鑑過程有作假情事，經查屬實，且足以影響結果認定者，追回獎牌、獎勵金，並予公布。

十、編印評鑑手冊與報告：

　1.評鑑手冊：由本局印製後，請民權國小協助分發。

　2.評鑑報告：評鑑報告由撰稿委員依教育部規定格式撰寫完成後送交民權國小彙整編印。

第二節　兒童教保機構評鑑內容

一、托兒所評鑑內容

民國90年，政府開始委託財團法人中華民國兒童福利聯盟文教基金會辦理台北市托兒所評鑑，其目的為：(1)透過實地評鑑訪視，瞭解托兒所實務運作情形，並經由評鑑選出績優者給予獎勵，辦理不善者列入輔導；(2)加強輔導與管理托兒所，提供兒童優質成長環境；(3)健全托育環境，提升台北市兒童托育服務品質，落實兒童福利政策。評鑑指標分為行政管理（九大項，四十五小項）、教保活動（五大項，九十六小項）、衛生保健（四大項，九十三小項）三部分，清楚列出每一評鑑指標的評鑑標準及訪評方式，以鼓勵受評的公私立托兒所，能先從自評中找到自我改進的部分。評鑑托兒所包括未曾接受評鑑的托兒所及強制接受輔導的托兒所（馮燕、王美恩、石美智、蔡延治、許瑛真，2001）。各縣市政府會依所聘請之專家學者再參酌自地方特性修改其中分類之小項目。有關評鑑項目請參考各縣市所訂之評鑑項目指標。

由大學相關科系及民間基金會辦理托育機構評鑑業務至今，頗受好評。由於托兒所評鑑具有維護、提升、改善與確保托兒所品質的意義，其功能除瞭解現階段托兒所的現況，診斷托兒所優劣點及其問題所在，研擬解決方案，並回饋主管機關作為擬定政策的參考之外，更有激發托兒所相關人員對教保工作的重視，並促其向前推進及自我提升的功能（蔡延治，2006）。

二、幼稚園評鑑內容

　　台北市教育局自91年度依教育部90年所頒布之「公私立幼稚園評鑑及獎勵實施計畫」成立修訂小組，將幼稚園評鑑手冊重新修訂，以達內容系統化與建立自我評鑑機制，並期望至少可使用五年。評鑑方式採取內、外部評鑑系統，內部由機構自評，外部則由政府或幼稚園本身邀請專家、學者到園實地訪查評鑑，其評分表參考**表9-1**，流程參考**圖9-2**。台北市新修訂之評鑑手冊具有下列五大特色（蔡春美，2000）：

1. 評鑑內容兼顧幼稚園基本條件指標與自我成長的專業系統：此次修訂的內容，除加強幼稚園基本條件的指標外，更希望幼稚園建立整體、傳承及永續的經營觀；每年除檢視當年的運作與成長外，並發展幼稚園「自我評鑑」的專業系統。

2. 幼稚園的背景分析與願景的形塑：針對幼稚園發展有利條件、不利條件、困境與未來契機的充分瞭解，才有可能掌握正確的發展方向。幼稚園的園務行政、教學與保育、教學設施與公共安全，如何逐步實現幼稚園近、中長程計畫與願景，這是歷年來不少幼稚園經營的盲點，如何將「紙上作業」的發展計畫與願景，化作逐步實現的各項經營與活動，是本次評鑑的核心重點。

3. 以社區共榮總體營造為基礎的分區評鑑制度：「知己知彼」是幼稚園叫好又叫座的基本條件，如何充分認識社區的需求與特殊性，同時運用資源，舉辦各種親職與成長活動，與社區融入發展的借力使力，是本次評鑑所要加強的項目。

4. 產學合作與各行政區幼稚園發展合作的評鑑：為讓「評鑑」成為優質幼兒教育的保證，為避免評鑑耗費鉅資人力流於形

式，此次評鑑教育局特別規劃每年1月到12月幼稚園自我成長與分區內部評鑑時間，下學期爲教育局的外部評鑑；幼稚園可以向教育局申請在園輔導。

5.兼採文字描述與量化的評鑑結果：此次評鑑採量化與各項目描述性文字的評鑑結果。評鑑採初評與複評兩種，複評分公私立兩組，爲避免評分上的誤差，盡可能由同一組委員複評，做好幼稚園獎勵制度的公平性把關。

表9-1　台北市幼稚園評鑑評分表

類別	項目	評分重點	評分	加權計分	小計
壹、幼教行政（含園務行政）40％	一、經營理念	1.宗旨與目標明確符合《幼稚教育法》，並落實執行。 2.能依幼兒身心發展，結合相關人員投注園務，展現特色與創意。	5 4 3 2 1	×1	
	二、園務領導	1.園長學經歷與聘用符合法令規定。 2.園長行政與領導適切，以使園務順暢運作。	5 4 3 2 1	×1	
	三、園務發展	1.董事會制度健全並依法運作（負責人能秉持《幼稚教育法》參與園務）。 2.園務發展計畫內容具體並能落實執行。	5 4 3 2 1	×1	
	四、行政運作	1.訂有符合本園需求之行政組織系統表，職務分工合理，且能落實執行。 2.訂有召集園務會議的相關辦法，能秉民主方式運作，並訂有會議決議執行的評估機制。 3.師生比例符合規定。 4.對身心障礙幼兒的教育符合特教理念。 5.能運用資訊科技協助行政運作並有實際效率。 6.行政分工與運作能發揮良好效能，且各項職務於交接時能注意永續經營與延續性。	5 4 3 2 1	×1	

（續）表9-1　台北市幼稚園評鑑評分表

類別	項目	評分重點	評分	加權計分	小計
壹、幼教行政（含園務行政）40%	五、人事制度	1.能聘用合格師資。 2.教職員工任用能訂有合法的遴聘辦法與流程，聘用符合規定；並確實與受聘者簽訂聘約／勞動契約且具體落實。 3.教職員工之薪資、工作時間等均能依聘約執行。 4.聘約訂有合理之差假辦法確實執行。 5.教職員工之退輔與福利確實能依據《幼稚教育法》辦理，且員工能依聘約參加公（勞）保及全民健保。 6.能依聘約訂有具體合理之考核與獎勵辦法並確實執行，並能於考核後確實執行輔導改進。	5 4 3 2 1	×1	
	六、財務制度	1.能依幼稚園性質訂有健全之預決算制度，且預決算詳實、合理、可行。 2.決算書與預算書內容相符並編製詳實。 3.各項收費名稱、用途及數額能依《幼稚教育法》規定，並經所在地主管教育行政機關核定。 4.會計制度健全，公幼並應符合《會計法》規範；各項收支與審核皆有原則可依循。 5.依《幼稚教育法》規定辦理幼兒保險，園所並依規定投保公共意外責任險。	5 4 3 2 1	×1	
	七、總務制度	1.土地及房屋能依《幼稚教育法》規定持有合法之使用權；財產均詳細列管並安善運用。 2.收發文管理制度健全，公幼並應依《事務管理規則》辦理，各項文書皆予登記及有效率處理。 3.採購流程明確合法，其原則是會計、出納、採購是分由不同人員擔任，公幼應依《事務管理規則》辦理。 4.幼童專用車管理應符合《道路交通安全規則》之規範。	5 4 3 2 1	×1	

（續）表9-1　台北市幼稚園評鑑評分表

類別	項目	評分重點	評分	加權計分	小計
	八、接送制度	1.各項接送方式訂有安全管理制度，並訂有合理安全的接送辦法。	5 4 3 2 1	×1	
貳、教學與保育30%	一、課程與教學	1.課程能依幼兒發展需求、幼稚園願景、課程標準及園務計畫等發展架構，規劃時能依幼兒全面發展等原則。 2.活動進行順暢，幼兒有自主學習的機會，作息時間分配適切，活動中，師生有良好的互動，教師間有良好的協調。 3.評量內容能反應孩子在一段時間的學習及進步。 4.教師會評量和反思自己的教學。	5 4 3 2 1	×2	
	二、家園與社區互動	1.幼稚園能主動提供家長手冊或幼教資訊給家長，家長也能參與活動，以及親師間有良好的聯繫。 2.能認識與善用社區資源、參與並關懷社區活動，並提供社區服務。	5 4 3 2 1	×2	
	三、衛生保健與餐點營養	1.幼兒能定期做健康檢查。 2.教師能適切處理幼兒疾病及意外事件。 3.老師與幼兒有良好衛生保健習慣。 4.老師隨機進行健康教學，且參加健康知能相關活動。 5.幼兒有良好用餐禮儀，餐點能注重營養均衡多樣等。 6.教師能覺察特殊需求幼兒的健康和營養。	5 4 3 2 1	×1	
	四、園長與教師成長	1.園長和教師能有專業成長計畫，並參與專業成長活動。 2.教師能對自己教學做省思、分享研習心得，並能定期舉行教學檢討會，提升教學能力。 3.能提供其他幼稚園及學生參觀及學習。 4.能協助幼教相關專案研究，並能有研究發展，提升幼稚園專業品質。	5 4 3 2 1	×1	

（續）表9-1　台北市幼稚園評鑑評分表

類別	項目	評分重點	評分	加權計分	小計
參、教學設施與公共安全30％	一、園地面積與園舍建築	1.依規定提供幼兒室內外活動面積及建築物之設施，以確保幼兒安全。	5 4 3 2 1	×1	
	二、教學情境與規劃理念	1.依幼教理念及辦園特色規劃校園環境，提供教學設備，以發揮環境脈絡、情境功能。 2.空間規劃及情境布置，能滿足不同活動形態的需求，以達成教育目標。 3.提供教師及幼兒個人足夠的教學空間，以讓教學活動順利進行。	5 4 3 2 1	×2	
	三、教學設施與使用管理	1.提供符合幼兒發展的教材，讓幼兒有操作的機會，以達成教學目標。 2.提供適合幼兒身材的桌椅，且桌面照明度不低於350lux，以維護幼兒身心健康。 3.提供多樣、數量足夠的圖書並能配合教學主題，以發揮教學效果。 4.提供多樣的教具並善用教學媒體，以達成教學目標。 5.提供地點適當、空間足夠、設施多元的戶外遊戲空間，以滿足幼兒需求。	5 4 3 2 1	×1	
	四、公共安全與環境衛生	1.依建築及消防法規按期完成建築物及消防設施之簽證申報。 2.廚工應定期實施包含胸部X光及A型肝炎之健康檢查，確保餐點製備過程之安全與衛生。 3.依飲用水設備及維護管理辦法規定定期辦理飲用水檢驗。 4.規劃設施齊全、地點適當之廚房空間，並訓練員工具有防災知能。 5.提供整潔、舒適、衛生及功能齊全之衛浴、午休及保健設施，以滿足幼兒教保需求。 6.定期辦理防災疏散演習，以確保全園師生具有緊急應變之能力。 7.定期消毒園舍及設備，並擬定妥善的傳染病防治機制，以提供安全衛生之教保環境。	5 4 3 2 1	×2	

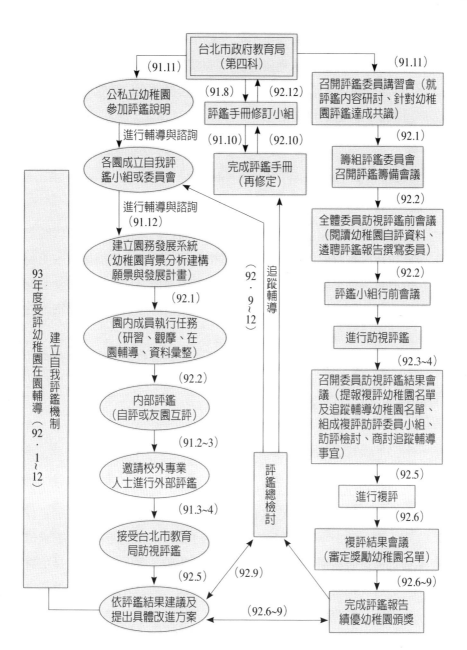

圖9-2　台北市92年度幼稚園評鑑實施流程

資料來源：台北市政府教育局（2003）。

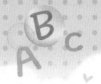

此次獎勵標準除優質水平的比較外，也視每年幼稚園發展計畫執行程度，以及是否主動爲解決問題的歷程而努力。因此，過程的努力與改進，以及幼稚園發展的傳承與延續性，和績效成果展現，同時被列入評鑑的重要指標。

第三節　評鑑準備

評鑑準備是兒童教保機構依縣市政府之評鑑指標之後，依縣市政府排行評鑑時間後，接下來便是準備資料，納入文書檔案，並製作成冊，以便準備評鑑。此時要注意機構準備之文件當時文件追溯期間，例如衛生保健相關文件、消防設備檢修申報書、建築物公共安全檢修申報書等。

在檢修文件檔案後，機構之評鑑小組接著自評以完成內部自我評鑑（internal evaluation）。有效的評鑑應分爲兩部分，一是行政機關的準備，另一是受評機構的準備。

一、行政機關的準備

行政機關展開評鑑之準備會影響整個評鑑的流程與結果，具體的準備包括與受評機構建立良好的構通，告知機構評鑑重點與過程（可上網公告），溝通評鑑流程（**表9-2**），對於機構額外要求降至最低，說服機構不要額外準備資料，彙集各機構之意見，提出說明，進行評鑑委員座談並說明評鑑之重點，建立評鑑委員之共識，完成評鑑之準備工作。

表9-2　××地方政府之評鑑說明流程

項次	使用時間	內容	說明
一	10分鐘	園所簡介	托育機構所長報告所內業務簡報。
二	40分鐘	參觀設施實地考察教學活動	1.參觀托育機構整體環境、設施。 2.現場觀察教學活動。
三	40分鐘	業務答詢及檔案資料抽查	1.訪談托育機構相關人員，如所長、教保人員、廚工、司機等。 2.查閱托育機構相關檔案。
四	20分鐘	提出建議	評審委員評分並提出評鑑意見。

二、受評機構之準備

　　受評機構要先設置評鑑小組，再依「評鑑準則」之指標完成檔案製作，最好能以照片作為活動過程之佐證資料，完成內部自評，進行檢討，以平常心等待實地訪視，虛心檢討評鑑結果以作為日後改革的參考依據。

　　我國的托兒所或幼稚園之評鑑皆是由地方政府主辦或委託民間組織來負責。王立杰、田育芬、段慧瑩、張碧如（2006）曾對台灣幼兒機構之評鑑提出質疑，包括無客觀機構主辦評鑑工作、評鑑公信力不足、評鑑內容太複雜、未落實追蹤輔導工作等，這些置疑實值得地方行政主管機關深入探討。

　　事實上，政府對於評鑑常抱著鼓勵之態度，並編列獎金，以期更多園所能遵守法規及更好表現，所以審查態度也比較輕鬆。然而得獎與否對園所影響甚大，甚至影響日後招生，故每次評鑑也造成園所私下競爭，甚至抱怨評鑑不公之現狀。評鑑制度最大的缺點是缺乏公權力，雖然法規規定行政機關有權要求改善，勒令停辦，但機構又有民間人士撐腰，又限於政府機關之人力、經費有限，造成強制力不足，也難以喚起業者提升幼教品質之學習環境。

　　評鑑之目的主要是讓園所將平時的準備，保持原味呈現給當天的評鑑委員訪評，再依評鑑結果提供改進建議，再依委員建議進行改革或改善，以提升教保品質，落實兒童福利之目標，所以園所應建立自我評鑑制度，定期進行自評，再找相關專家作診斷、檢討、不論官方機構是否評鑑，機構能有機制作改善，以期園所朝高品質發展，達到永續經營、落實兒童權利之兒童福利目標才是應有的態度。

　　為了落實評鑑之功效，幼兒園除了透過自我評鑑機制，專家實地訪視結果報告，為了達成永續性經營，經營者可利用SWOT分析作為經營策略的參考，以精進經營之功效。

1.優勢（Strength）：係指組織所擁有的優點，在組織追求目標與因應競爭的過程中，較有利的內部環境因素。
2.劣勢（Weakness）：係指組織需要注意的弱點，也就是組織所面對的缺點，是不利組織達成目標的內部因素。
3.機會（Opportunity）：係指有利或幫助組織達成目標的外在環境因素，組織要主動尋找各種可能的機會。
4.威脅（Threat）：係指阻礙組織發展的外在環境因素。

　　組織藉由SWOT分析的結果，訂定充分掌握機會（O），並運用組織的優勢（S），化解組織的威脅（T）及矯正其劣勢（W）的策略，以求達成組織使命與目標。

　　幼兒園在應用SWOT分析，應將園所經營之內、外在環境之因素加以考量，內在環境係指人的因素（園所主任領導風格、人事之專業能力、幼兒及家長特性）、地的因素（園所地點、社區環境）、事的因素（組織結構、文化、薪資福利、課程特色、財務結構、行銷廣告）、物的因素（房舍、設備、教具等硬軟體設施及設備）。外在環境係指社會發展、托育政策、社區支援、競爭對象的

優勢。評鑑的結果將有助於園所的內部分析，故園所應組織經營團隊，確保經營目標之核心價值，應用多元及系統分析方法以達客觀判斷，唯有檢證內部環境達成行政效能，再考量（預測）未來將面臨的外在環境變化及經營挑戰，重新檢討與釐訂改革計畫，再逐項從SWOT分析要點及早因應，以創新改變來追求卓越之經營。

參考文獻

王立杰、田育芬、段慧瑩、張碧如（2006）。《托育機構行政管理與實務》。台北：永大書局。

台北市政府社會局（2003）。《台北市92年度托兒機構評鑑委員研習會議手冊》。台北：台北市政府社會局。

馮燕、王美恩、石美智、蔡延治、許瑛真（2001）。《九十年度台北市托兒所業務評鑑報告》。台北：台北市社會局。

廖鳳瑞譯（2002），Lilian G. Katz著。《與教育大師對談──邁向專業成長之路》。台北：信誼。

蔡延治（2006）。《Discovery托育模式》。台北：華騰。

蔡春美（2000）。〈幼稚園與托兒所的評鑑〉。輯於蔡春美、張翠娥、陳素珍著，《幼教機構行政管理：幼稚園與托兒所實務》（第一版）。台北：心理。

幼教叢書 28

兒童教保機構行政管理

作　　者 / 郭靜晃
出 版 者 / 揚智文化事業股份有限公司
發 行 人 / 葉忠賢
地　　址 / 22204 新北市深坑區北深路三段 260 號 8 樓
電　　話 / (02)8662-6826
傳　　真 / (02)2664-7633
網　　址 / http://www.ycrc.com.tw
E-mail　/ service@ycrc.com.tw
印　　刷 / 鼎易印刷事業股份有限公司
I S B N　/ 978-986-298-066-8
初版一刷 / 2012 年 11 月
定　　價 / 新台幣 380 元

國家圖書館出版品預行編目（CIP）資料

兒童教保機構行政管理 / 郭靜晃著. -- 初版.
-- 新北市 ：揚智文化, 2012.11
面；　公分. --（幼教叢書 ; 28）

ISBN 978-986-298-066-8（平裝）

1.幼稚園　2.托兒所　3.行政管理

523.27　　　　　　　　　　　　　101022075